2019 年天津市哲学社会科学规划项目（一般委托）：
“精神生产视阈下马克思思想政治教育理论与实践研究”
（项目编码：TJBXGJ19-006）研究成果。

东莞理工学院 2022 年度党建与思政教育专项研究课题
“习近平关于有理想的新时代好青年重要论述研究”
（项目号：2022SZ07）研究成果

基于“精神生产”视角的马克思思想政治教育理论研究

赵 洁 ——著

Jiyu “Jing Shen Sheng Chan”
Shi Jiao De Makesi Sixiang Zhengzhi
Jiaoyu Lilun Yanjiu

CCTP 中央编译出版社
Central Compilation & Translation Press

图书在版编目（CIP）数据

基于"精神生产"视角的马克思思想政治教育理论研究／赵洁著. —北京：中央编译出版社，2022.11

ISBN 978－7－5117－4321－3

Ⅰ. ①基… Ⅱ. ①赵… Ⅲ. ①马克思主义－思想政治教育－研究 Ⅳ. ①A81

中国版本图书馆 CIP 数据核字（2022）第 219001 号

基于"精神生产"视角的马克思思想政治教育理论研究

责任编辑 李媛媛
责任印制 刘 慧
出版发行 中央编译出版社
地　　址 北京市海淀区北四环西路 69 号（100080）
电　　话 （010）55627391（总编室）　（010）55627310（编辑室）
（010）55627320（发行部）　（010）55627377（新技术部）
经　　销 全国新华书店
印　　刷 北京印刷集团有限责任公司印刷一厂
开　　本 710 毫米×1000 毫米　1/16
字　　数 211 千字
印　　张 14.25
版　　次 2022 年 11 月第 1 版
印　　次 2022 年 11 月第 1 次印刷
定　　价 75.00 元

网　　址 www.cctphome.com　**邮　　箱** cctp@ cctphome.com
新浪微博 @ 中央编译出版社　**微　　信** 中央编译出版社（ID：cctphome）
淘宝店铺 中央编译出版社直销店（http：//shop108367160.taobao.com）（010）55627331

本社常年法律顾问　北京市吴栾赵阎律师事务所律师　闫军　梁勤

凡有印装质量问题，本社负责调换。电话：（010）55626985

目 录

导言

选择基于“精神生产”的视角研究马克思的思想政治教育理论是一项非常具有挑战性的工作。其中的困难来自两方面，一是如何驱散氤氲在马克思周围的迷雾，还原马克思思想政治教育理论的真面目。另一方面，如何论证马克思在运用唯物史观的方法剖析人类精神生活领域的诸多问题中，必然包含着对于我们今天一般意义上称之为“思想政治教育”的思考与观察，将其甄选出来，并且清楚地说明马克思思考思想政治教育问题的思想理路。

无论是思想政治教育实践活动的开展，还是对思想政治教育的研究都要坚持以马克思主义为指导。因此，对马克思主义的创始人——马克思的思想政治教育理论加以研究的重要性不言而喻。虽然马克思在著作中并没有直接使用过“思想政治教育”这样的字眼，但不可否认的是，无论是从其领导国际共产主义运动积累的实践经验的角度，还是从其在历史唯物主义的高度分析考察社会历史现象的角度，可以推测，马克思博大精深的思想体系中必然包含有关于思想政治教育的思想。那么，应该从一个什么样的视角恰当地切入，以对其思想政治教育理论这个特殊的领域展开研究呢？

在寻找这个恰当切入点的过程中，前辈哲学家的智慧无疑是解疑答惑的金钥匙。辩证法大师黑格尔曾说“方法不是外在的形式，而是内容的灵魂”①。美国马克思主义哲学教授悉尼·胡克（Sidney Hook）在评价马克思的思想时，强调马克思从未试图撰写一成不变的教科书来冷藏所谓的“真理”，马克思所擅长的，就是撰写“行动的纲领”，尤其是创建分析社会历史现象的“唯物史观”，并将其用作“一种为行动扫清道路的方法”②。

由此，按照马克思思想发展的纹路，从唯物史观中找寻到一种更加具体地分析思想政治教育问题的方法，深入马克思思想的肌理，剥离出马克思关于思想政治教育问题思考的主要脉络，则可以视为研究马克思思想政治教育理论一种既可靠又恰当的方法。

经过对马克思著作的研读可以发现，马克思运用唯物史观的方法在考察人类精神生活领域时，正是以具体的精神生产视角切入并分析人类精神生活中“教育”现象的发展变化，特别是在私有制产生之后的阶级社会中，发现了“思想政治教育”这一社会历史现象，由此，马克思更加细致地运用精神生产方法对这种现象在人类历史上形成、流变、发展以及消亡的过程进行了分析。可以说，马克思的这种分析是对作为“自然历史过程”的思想政治教育现象的把握。

聚焦在精神生产的视角下，马克思是将“教育”作为人类精神生产的一种“特殊形式”，在人类实际生产生活及其历史发展中，通过对人的现实生产和物质交往关系的考察，进而分析人与人在思想上所结成的社会关系的变化，从而理解和说明阶级社会中“政治教育”“阶级的教育”的来龙去脉，并且提出彻底消除这种“阶级的教育”的具体途径——共产主义

① 吴琼、刘学义：《黑格尔哲学思想诠释》，北京：人民出版社2006年版，第142页。

② 〔美〕悉尼·胡克：《对卡尔·马克思的理解》，徐崇温译，重庆：重庆出版社1989年版，第57页。

革命，在彻底消灭私有制的前提下，无产阶级思想政治教育转向一种“社会教育”和“自我教育”，最终在人的解放中，实现无产阶级思想政治教育的价值追求——人的精神解放。这就是马克思研究思想政治教育现象的基本方法与思路。

以上述说明为前提，这里还需强调一点，“视角”原指人的视线与所视之物垂直方向所呈角度，视角不同，则眼睛所观之物呈现面貌不同。用某种“视角”审视一种理论就意味着选择了一种认识的方式与途径，恰恰好像人视物时光线进入事物的角度。基于“精神生产”的视角研究马克思的思想政治教育理论，既遵循了马克思本人以“精神生产”的方法分析思想政治教育现象的思路，又凸显出马克思剖析思想政治教育种种问题时基于的这种独特视角。

找到了可靠又恰当的研究方法，就掌握了研究马克思思想政治教育理论的命脉。在对此问题展开深入研究之前，有必要先对本书的选题依据、研究价值、与选题相关的国内外研究成果，以及研究思路、研究方法、全文的基本结构作清楚的说明。

一、选题依据及研究价值

选题的依据与价值是紧密相关的两个问题。选题的依据说明了选题所指涉的问题在实践中存在的客观性以及亟须从学理层面加以说明的急迫性，而研究的价值恰恰论证了选题的依据是准确的且有意义的，因而值得研究者投入时间和精力进一步研究和考察。

（一）选题依据

本选题的主要依据为理论困惑和现实需求两方面。理论困惑来自当前思想政治教育学界对于“马克思本人有无思想政治教育理论”，或者说对“马克思的思想政治教育理论是什么”存在着争论和一定的误读，并因此产生了解答疑问的现实需求。同时，对任何一门社会科学来说，不可能存在没有任何前提的论述。在对理论困惑和现实需求展开论述之前，有必要先澄清本书的理论预设。

1. **理论预设**

“基于‘精神生产’视角的马克思思想政治教育理论研究”的理论预设有两点：

第一，思想政治教育（或称思想政治工作）无论是在中国的社会主义建设事业中，还是在世界的社会主义运动史上都发挥着举足轻重的作用，并且占据着不可替代的地位。从中国社会主义事业建设的角度说，思想政治教育是中国共产党传播马克思主义，并且用马克思主义教育群众、凝聚人心的重要工作。从世界社会主义运动史的角度说，思想政治工作是工人阶级政党自觉地、有计划地、有组织地开展的活动，在如何进行无产阶级阶级意识的培养和革命理论的宣传教育方面积累了丰富的经验，毋庸置疑地形成了相当系统和深入的思想。

第二，虽然包括俄国革命和中国革命在内的社会主义实践和思想在一定时空条件下一定具有各自的特色，而且必然会随着时空条件的转变，与时俱进地、创造性地发展或者做出某种修正。但是，现代社会主义运动以及作为这一运动重要内容的思想政治工作和关于思想政治工作的思想、观念，是源自马克思主义创始者的思想和理论，这一点是不言而喻和毫无疑问的。于是，马克思主义经典作家，特别是马克思，应该有对被称作“思想政治工作”或“思想政治教育”那种现象的思想和观念。本书就是基于这样的假定，在马克思“精神生产”的视角之下，以较为深入和系统的方式探究马克思关于思想政治教育的基本思想和主要观念。

然而，当代中国的思想政治教育学界对此则是比较暧昧，至少表现为语焉不详。虽然“马克思主义是思想政治教育的理论基础”已经作为学界公认的原理被写入多个版本的思想政治教育学教材中，但学界的研究成果中缺少能够具体阐明“为什么马克思主义是思想政治教育的理论基础”，或者说“马克思主义是怎样发挥思想政治教育理论基础作用”的成果。所以学界对此的态度大体可以概括为“抽象肯定”，却还存有“具体否定”的问题。本书希望回到马克思的著作中，透过“精神生产”的视角认真分析、梳理马克思的思想政治教育理论，对这个本不应该成为“问题”的问题做一个尝试性的回答。

2. 理论困惑

思想政治教育学界对马克思本人有无思想政治教育理论，以及哪些思想可以称得上是马克思对思想政治教育的“理论”思考仍然存在着困惑和争论。

第一，学界对马克思本人思想政治教育理论的研究尚不充分。

学界对“马克思主义是思想政治教育的理论基础”持普遍认同的态度，已有的研究成果多聚焦于用历史唯物主义中“经济基础与上层建筑关系的原理”、马克思“人的全面发展理论”和“需求理论”、列宁的“灌输论”等理论来说明马克思主义对思想政治教育所发挥的理论基础作用，但需要明确的一点是，“理论基础”不能代替学科的“基础理论”。选取某种原理用以说明何为思想政治教育，这只能从某一个角度解释清楚思想政治教育的某些方法或内容，这种解释方法容易造成对思想政治教育整体性的割裂，同时并没有从一般的意义上说清楚马克思主义与思想政治教育的关系，也没有从根本的意义上解释清楚思想政治教育在马克思那里究竟是什么的问题。

第二，学界对马克思思想政治教育理论展开研究的切入点不够准确。

当前学界已有研究对这一问题的探讨多倾向于将马克思提出的某一种理论直接套用到对思想政治教育的固有分析框架中。例如诸多专业教材以及思想政治教育学专著中，多将马克思的“经济基础决定上层建筑”“人的需求理论”或“人的全面发展理论”① 等思想作为马克思思想政治教育

① 王礼湛：《思想政治教育学》，杭州：浙江大学出版社 1989 年版，第36 页。

理论的全部内容。

事实上，这种做法犯了“泛化”的错误。以上列举的种种思想并非马克思研究和讨论思想政治教育这种客观社会历史现象的思想，譬如“经济基础决定上层建筑”，用在说明思想政治教育可以，但也同样适用于说明法律、文学艺术、国家、政党等问题。因此，“经济基础决定上层建筑”“人的需求理论”或“人的全面发展理论”代表着马克思关于社会历史现象的根本观点，而绝非是马克思全面思考分析思想政治教育现象的主线。

实际上马克思从反对黑格尔绝对唯心主义伊始，尤其是从认识到精神与物质真正的关系那一刻，马克思就在对精神生产问题的思考中萌发了对思想政治教育这种社会现象的观察和思考，并且在之后的著作和手稿中显露出更加成熟的思想。因此，马克思的精神生产视角才是研究其思想政治教育理论问题的正确切入点。

第三，学界中存在着对马克思思想政治教育理论的误读。

目前学界有部分的思想政治教育研究成果，对马克思思想政治教育理论的研究仍然滞留于一种“宣传工作”，这种认识缘于1847年马克思恩格斯要求全体共产主义者同盟“盟员”应“具有革命毅力并努力进行宣传工作”的要求。① 但是，部分学者将马克思提出进行“宣传工作”的要求当作是思想政治教育的全部内容，仅仅把思想政治教育当作为达到一定政治目的而采用的“手段”，这势必是一种过于狭隘化的理解。这种认识被某些西方学者（Bauer，R.A.，1957，Schein，E.，1961，Welch，D.，2014）用来攻击中国共产党的思想政治教育，并将其扭曲为“魔鬼神学（Demonology）”②，宣称它是对人的一种“思想控制（Manipulate Mind）”，是为

① 武东生：《论马克思关于“思想政治教育”的主要思想》，载《理论学刊》，2014年第3期。

② Bauer，R.A.，“Brainwashing：Psychology or demonology?”，*JOURNAL OF SOCIAL ISSUES*，1957(13)，pp.41-47.

愚民而进行的“洗脑（Brainwashing）”①，或者就是为实现政党的私利而展开的“政治宣传（Propaganda）”②。

事实上，虽然马克思没有使用过“思想政治教育”这一名词，但这并不意味着马克思从未就今天所用的“思想政治教育”概念指向的社会现象进行思考和理论阐发。在实际生活中，人对一种现象的“称谓”与对这种现象的认识程度并不一致。学界以上三种或者过于宽泛，或者过于狭窄的误读在学科研究发展的初级阶段是可以理解的。但是，当前思想政治教育学科科学化的发展趋势也对研究本身提出了更高的要求。③ 所以回归到马克思的原著，在“精神生产”的视角下，总结和阐释马克思的思想政治教育理论是为思想政治教育正名以及深化学科研究亟需完成的任务。

3. 现实需求

第一，为满足夯实思想政治教育基础理论研究的现实需求。

思想政治教育学科自二十世纪八十年代建立以来，经历了快速发展的时期，学者们在多个领域的研究取得了丰硕的成果。但是，思想政治教育学科基础理论的研究仍然存在诸多薄弱之处，如秦在东所强调，“本学科独有的‘概念群’、‘范畴群’、‘原理群’并没有真正的形成”④。

“马克思主义基本原理构成思想政治教育学的理论基础”是学界普遍认同的“公理”。使思想政治教育学坚持用马克思主义的世界观和方法论来分析和阐释问题是“理论基础”存在的意义。但是，这里需要注意一点，一门学科的“理论基础”不等同于它的“基础理论”，“理论基础”

---

① Schein, E., “Brainwashing”, *Society for the Psychological Study of Social Issues*, 1961, 1st ed, pp.1–2.

② Welch, D., *Propaganda*, *Power and Persuasion*, 1st ed., London: I.B.Tauris, 2014.

③ 佘双好：《关于思想政治教育学科科学化的思考》，载《思想理论教育》，2011 年第 11 期。

④ 秦在东：《思想政治教育学科发展诸问题之我见》，载《思想政治教育研究》，2010 年第 3 期。

更不能取代“基础理论”，每一个学科都有自己的基本理论，并因此称作“学”，“思想政治教育学”的确立也是如此。

如果将马克思主义理论错当成本学科的基础理论，那么，思想政治教育很容易仅仅被当成一种方法、一门手艺和技巧，而不是一门“学问”、一种“科学”。因为作为“学”的理论，马克思主义原理已经讲得很透彻了，然而作为思想政治教育学基本原理的阐述仍旧欠缺。可能由于马克思恩格斯原著较为艰深复杂，研读起来困难重重，加之近年来功利之风对学术界的影响，学界已有研究成果中部分对于经典著作的研究成果较为浅显，或仅仅就常见常说的几个原理进行重复解释，或者不顾原著本意截取只言片语随意发挥。这些问题都说明对马克思关于思想政治教育基本思想和观点的研究在深度和广度上有待提高。因此，对于原著的研读，尤其是对马克思原著中包含的思想政治教育理论的研究，对于夯实本学科的基础理论研究是一种现实的需求。

第二，为满足新时期推进思想政治教育创新的实践需求。

在新的历史条件下，出于思想政治教育创新的需要，诸多研究者借鉴心理学、管理学、社会学等学科的研究成果对思想政治教育的创新提出诸多建议，但这些建议多对改进思想政治工作的具体方法有所增益，但对于思想政治教育如何在整体上适应新的社会历史变化，从而进行创新发展并没有实质性助益。过多的人力和物力都投入使用新手段、新方法增强思想政治教育效果上，甚至对手段、方法产生了强烈的依赖感，严重忽视了最为根本的基础理论研究，使思想政治教育创新的根基不稳固，难免有舍本逐末之嫌。

马克思认为“理论只要彻底就能说服人”。由此可见，思想政治教育实践中新方法新手段不奏效的根本原因在于学界对思想政治教育的理论之基仍旧没有深入透彻的认识，尤其是缺乏从马克思主义的角度对何为思想政治教育的问题做出彻底的说明。因为尚未完全掌握思想政治教育参与精神生产过程中发挥作用的规律和机制，无法从理论上说服人，所以理论自然也就无法发挥对实际工作的指导作用，更无法推动思想政治工作进行有效创新。

第三，为满足解答思想政治教育对象现实困惑的需求。

无论是我们教育工作的重点人群之一——大学生群体，还是社会上普通人群对于思想政治工作和思想政治教育现象都存在着不同程度的误读和误解。他们或是将思想政治教育狭隘地理解为“灌输工具”，或是理解为某种理论的“吹鼓手”，或是认为思想政治教育相比于经济发展的中心工作是无足轻重、可有可无的工作。正是这些误读和误解在实际的思想政治工作中大大削弱了教育的积极效果，甚至成为实现教育时效性和有效性的巨大阻碍，导致了教育对象对思想政治教育和思想政治工作从主观上产生了抵触心理。

同时，部分学习思想政治教育专业的学生虽然对学习马克思主义萌发了兴趣，但对于马克思主义和本专业的关系并不十分清楚，对马克思语境中的思想政治教育是什么以及马克思主义作为思想政治教育的理论基础如何发挥作用仍存在很多疑惑。所以返回原著，从精神生产的观点对马克思的思想政治教育理论进行梳理不仅是必要的，而且是为解答教育对象的现实困惑而亟需完成的一项重要任务。

（二）研究价值

在“精神生产”的视角下，对马克思的思想政治教育理论进行系统梳理和阐述，既具有理论价值，又具有实践价值。一方面，最终成文能够推进对思想政治教育基本原理的研究；另一方面，也能够提高实际工作中坚持以马克思主义基本原理为指导的自觉性。

1. 理论价值

第一，有助于推进思想政治教育基本原理研究。思想政治教育作为马克思主义理论一级学科下的二级学科，一方面，应该“坚持马克思主义基本原理”，但什么是基本原理，前提和基础在于弄明白马克思怎么想的、又说了什么。另一方面，一门学科应该具有其独特的研究对象以及完整的基础理论。那么思想政治教育作为一门学问，更应该早日建立起本学科完善的基础理论体系，更需要大量而扎实的关于马克思主义代表人物的原著研究为其基础理论做翔实的说明。因此，本书回归到马克思的原著，对其著作中蕴含的思想政治教育理论进行系统的梳理和总结，并借此概括和提炼出一般原理，借助原著的解读来明确马克思对这种社会现象的思考脉络和思想观点，以推进学界对于思想政治教育基础理论部分的研究。

第二，对“思想政治教育是什么”的“元问题”进行补充和完善。在思想政治教育学科发展的 30 多年中，虽然学界尝试从多角度解释“什么是思想政治教育”的元问题，但目前学界对于“思想政治教育”这个名词所指的对象及其含义仍存在着诸多的争议。既然思想政治教育占据着马克思主义理论一级学科下二级学科的地位，这就决定了对于“思想政治教育”这个概念的研究自然应该从马克思主义的角度入手，也应该去认真追溯在马克思那里“思想政治教育”的本原和本意的问题。然而，马克思庞大繁复的思想体系为解答这个问题造成了一定的困难。从精神生产的视角入手整理马克思对思想政治教育的思考脉络，无疑为学界争论已久的思想政治教育是什么的“元问题”提供了新的思考角度和新的论证材料。

2. 实践价值

第一，提高实际工作中坚持以马克思主义基本原理为指导的自觉性。思想政治工作的开展需要理论的正确指导。马克思关于思想政治教育的理论无疑能够帮助思想政治工作者把握人的精神世界变化发展的规律，正确认识存在于人类社会不同发展阶段中的思想政治教育现象，并且对为何当下思想政治教育会遇到新问题有清晰的认识和分析，以便对今后思想政治教育的发展走向有基本的预判，在这种意义上，真正做到以马克思主义切实有效地指导实际工作的顺利展开，保障当下思想政治工作的合目的与有效能。

第二，推动新时期思想政治教育的创新发展。虽然“出新”的前提在于“推陈”，但是，“出新”必须有坚实的根基，是一种“有根的”出新。强调根基并非是要“因循守旧”。相反，“出新”的目的在于使事物能更好地适应新的历史条件，从而发挥更大的作用以推动社会向前发展。“根基”最重要的作用在于能够保证事物“出新”的方向不变。毫无疑问，马克思主义是思想政治教育新时期创新的“根”，要使创新发挥实效，关键在于马克思主义的根基足够稳固，才能使创新思路清晰并且有章可循。加深对于马克思原著的研读，研究马克思精神生产视阈中的思想政治教育理论，在新的时代背景和社会环境下能够推动思想政治教育根据新时期历史条件的变化进行有效创新。

二、国内外研究现状述评

虽然国内外学术界对马克思的思想从多角度进行了广泛的研究，这其中包括马克思的历史唯物主义哲学思想、政治经济学思想、人类学思想等等，形成了诸多学术成果。但是，对马克思本人思想政治教育理论的研究是其中的一个相对薄弱的环节。自二十世纪八十年代思想政治教育学科建立以来，学界掀起了一股为思想政治教育挖掘理论基础的热潮。多位学界泰斗纷纷著书立说以说明马克思主义中有哪些理论对思想政治教育产生了影响。但是，到目前为止，学界对于马克思本人有无关于思想政治教育的“理论体系”或者对这种“理论体系”是什么的问题仍旧语焉不详。

目前学界研究马克思思想政治教育理论的专著有李征的《马克思恩格斯思想政治教育理论与实践研究》，关于研究马克思精神生产理论的专著有陈仲华和杨镜江合著的《精神生产概论》、景中强的《马克思精神生产理论研究》、张华荣的《精神劳动与精神生产论》和陈奇佳的《马克思精神生产理论的当代诠释》等。在马克思精神生产视域下研究思想政治教育的专著有宋成剑的《精神生产视野中的思想政治教育》。在中国知网上以“马克思思想政治教育”“马克思精神生产”“无产阶级思想政治教育”为关键词搜索到直接相关的期刊论文约120篇，以“马克思精神生产”为关键词搜索到期刊论文约61篇，相关博士论文约9篇。以下综合国内外学界当前的研究成果，围绕“马克思思想政治教育理论”和“精神生产理论”的研究角度与方向进行梳理和分析，以为本书的研究提供理论借鉴。

（一）“马克思思想政治教育理论”研究的关注点

第一，国内外学界在对马克思进行人物研究时涉及其思想政治教育理论的形成过程。

国内外马克思主义研究者所撰写的具有代表性的马克思传记中，包含了许多对于马克思本人思想发展历程，以及其开展思想政治工作经历的记录与描述。这其中包括德国学者弗・梅林的《马克思传》、海・格姆科夫等撰写的《马克思传》；英国学者戴维・麦克莱伦撰写的《卡尔・马克思传》；苏联学者彼・费多谢耶夫等撰写的《卡尔・马克思》、E.A.斯捷潘诺娃撰写的《马克思传略》；中国学者刘建军撰写的《马克思传》、顾锦屏等撰写的《马克思的伟大一生》、萧灼基撰写的《马克思传》、马临唐编著的《马克思恩格斯伟大的品格》、栾扶桂等编著的《马克思恩格斯的人生之路》等。这些著作描绘了马克思波澜壮阔的革命人生，分析了马克思是如何通过“自我教育”进行“思想上”的“自我革命”，从而自觉站在了无产阶级的立场上，转变为一位坚定的共产主义战士，积极为改变无产阶级的悲惨命运而奔走呼喊。这些史料丰富的传记为把马克思生活史和学术史结合起来进行的研究提供了翔实的材料。

同时，这些著作还较为详尽地介绍了马克思一系列重要著作的写作背景、基本内容、主要观点，用具体的事例展现了马克思在当时所处的社会历史条件下，是如何对当时的革命形势和社会历史现象进行观察和思考，以及如何对广大的无产阶级和人民群众开展思想教育活动、进行革命思想宣传活动和政治动员活动的过程。马克思“首先是热情的革命家”①，他身体力行地在革命实践中用宣传革命理念、组织革命运动的方式实践其革命思想。其次，在欧洲工人面前，马克思并不是一个向群众传播预言的“先知”，而是一位使科学理论为被压迫者服务，并且能够把科学理论变为群众手中思想武器的“学者”。马克思兼任革命家和学者的双重角色使得他既能够在理论上对思想政治教育这种社会历史现象进行细致的考察，又能够在实践中运用和检验自己的思想政治教育理论。

第二，国内学界对马克思思想中涉及思想政治教育的部分进行研究的成果。

这些成果包含着几个具体的研究方向，一是从马克思主义基本原理中寻找依据。二十世纪八十年代出版的“思想政治教育学”专著中多将马克思主义定义为思想政治教育的理论基础，在这之后，各个时期不同版本的思想政治教育学专著纷纷从多个侧面论述了马克思的不同理论如何发挥思想政治教育理论基础的作用。其中张耀灿、陈万柏、王礼湛等都将“社会存在决定社会意识”②“社会意识的相对独立性及其对社会发展的作用”③“社会生活本质上是实践的”④等基本原理归纳为思想政治教育最为重要的理论基础。

二是聚焦马克思关于人的问题的论述，用“人的本质是社会关系的总和”“培养全面发展的共产主义新人”“人的全面发展”理论解释思想政

---

①〔苏〕彼·费多谢耶夫等：《卡尔·马克思》，孙家衡等译，北京：生活·读书·新知三联书店1980年版，第16页。

② 张耀灿、郑永廷、吴潜涛、骆郁廷：《现代思想政治教育学》，北京：人民出版社2006年版，第37页。

③ 陈万柏、张耀灿主编：《思想政治教育学原理（2版）》，北京：高等教育出版社2007年版，第33页。

④ 王礼湛：《思想政治教育学》，杭州：浙江大学出版社1989年版，第36页。

治教育应怎样看待人，培养什么样的人的问题。这种研究多见于具有马克思主义人学、伦理学背景的学者的研究中，例如，罗国杰最终得出结论：“马克思主义关于人的问题的丰富思想是马克思主义思想政治工作的理论宝库”①。

三是从马克思经典文献中归纳思想政治教育的基本理论。如刘德华主编的《无产阶级思想政治教育著作导读》通过对马克思和恩格斯所著的《共产党宣言》《德意志意识形态》《〈黑格尔法哲学批判〉导言》等六篇反映思想政治教育基本观点的经典文献进行详细解读，论述了马克思关于思想政治教育的基本理论和核心观点。杜润翰主编的《马克思主义关于思想政治工作的论述》认为，“物质和精神、实践和认识、社会存在和社会意识、经济基础和上层建筑、人民群众是历史的创造者、科学社会主义思想只能从外面灌输到工人阶级中去”② 等六方面构成了思想政治工作的理论基础，其中对马克思的相关论述作了有益的摘编。由于此类的研究成果较多，在此只对具有代表性的观点进行综述。

由此可以看出，随着学界对于思想政治教育认识的加深，更多的学者注意到了“物质与精神”作为思想政治教育的理论基础发挥着重要的作用，也有部分学者认识到思想政治工作做的就是人的工作，而人作为精神的存在，思想政治工作必须满足人的精神需求。但是，马克思精神生产理论中所包含的对思想政治教育问题的论述仍未引起学界的足够重视，缺少对其进行深度的阐发。

（二）“马克思精神生产理论”研究的突出贡献

第一，国内外学界对马克思精神生产理论溯源的研究较为充分。

---

① 罗国杰主编：《无产阶级思想政治教育理论基础》，北京：高等教育出版社2002年版，第39页。

② 杜润翰主编：《马克思主义关于思想政治工作的论述》，天津：天津人民出版社1988年版，第2页。

马克思出生于历来被冠以“哲学民族”称号的德意志民族，其所受到的哲学熏陶无疑为他之后创立唯物史观打下了一定的思想基础。以一种更加宏大的视野来看，马克思作为一位德国的思想家，其哲学思想体系并不是一种孤立的创造和偶然的发现。相反，在经历了漫长的理论准备之后，马克思才辩证地汲取了哲学前辈的思想精华，在继承和批判的基础上形成了自己独特的思想体系。因此，韩震在《教育的价值与价值的教育》一书中专门用一章的篇幅，来说明“西方思想家关于精神生产的思想”，由此可知，马克思精神生产的思想必然可以在欧洲哲学的发展史中寻觅到相关的印迹，甚至可以漫溯至雅斯贝尔斯深情寄望的“轴心时代”——古希腊哲学中，发现马克思精神生产的思想源头。

韩震认为，奴隶制生产关系的确立孕育了古希腊最早的一批哲学家，如泰勒斯、阿那克西米尼、赫拉克利特等，他们分别提出了水、气、火等事物分别是世界万物始基的古代朴素唯物主义观点。但是，这些先哲还是以人自身的活动特点来比附自然界的运动变化，以说明宇宙万物的本原。显然，在这些自然哲学家的思维中，精神生产的问题还没有被当作独立的问题提出来。对这一问题自觉的思考和可以称之为“研究”的哲学思考活动，是从苏格拉底和柏拉图开始的，并且在亚里士多德那里达到了古希腊哲学所能达到的最完备形态。①

苏格拉底的名言“知识即美德”是对精神产品有无价值的一种判断，优秀的精神产品应该在社会上起到积极作用。苏格拉底为精神生产确立了创造出融“真善美”为一体的目标原则，例如，苏格拉底认为能给人以教益的文章就是把真善美的东西写到读者心灵里去，这样的文章才值得读。柏拉图精神生产思想的展开则是以苏格拉底的“理念论”为背景。按照理念论的观点，只有理念世界才是真实的，现实世界仅仅是理念世界的摹本。“心灵的生殖力”是柏拉图用来描述人的精神的生产

---

① 韩震：《教育的价值和价值的教育》，北京：人民出版社 2015 年版，第 428 页。

能力所做的譬喻，他也是最早提出“精神生产力雏形”的哲学家。但是，柏拉图在艺术创作和精神生产的问题上，始终持神秘主义和天才论的立场。在其经典著作《理想国》中，柏拉图认为精神生产的目的就是对哲学王、护卫者和劳动者进行“正义”“勇敢”“节制”的道德培养。判断“诗歌”这种精神产品好坏的标准就是考察其是否对社会有用，是否能满足政治统治的需要。亚里士多德作为古希腊哲学的集大成者，在“精神生产”的问题上抛弃了以往的空洞思辨，摒弃了神秘主义的倾向，明确提出“求知是人类的本性”，进而将人认定为精神生产的主体，并且认为是人的理智活动和在艺术方面掌握的技能有助于精神生产和知识生产的发展。

景中强、韩震等学者都讨论到十七至十八世纪西欧哲学家对“精神生产”的研究转向了生产工具和方法的问题。培根以“知识就是力量”的命题确立了精神生产以独立形态服务于社会物质生产的目标，并提出“归纳法”为精神和知识生产的主要工具和方法。① 笛卡尔则以“我思故我在”宣告通过对“观念”的分析，人在认识外部自然世界的过程中生产出了某种“表象”观念，而生产知识的首要问题就是要发现最可靠的观念和原理。② 德国古典哲学对十七八世纪形而上学的超越就在于，他们开始将“精神生产”理解为人类能动的实践活动，但并不是从本质上把“实践”理解为社会的人的物质感性活动，而只是理解为思维的活动。康德认为，知识生产的能动主体是“人”，知识生产和精神活动的实践性质在于，人只有在主体的实践活动中才能发现和创造知识，才能成为自然和社会的主动解释者和立法者。③ 费希特发展了康德制定的主体能动性原则，

---

① 赵洁：《马克思“精神生产”概念的现代认识论溯源——从培根、笛卡尔谈起》，载《内蒙古大学学报（哲学社会科学版）》，2016年第5期。

② 景中强：《精神生产：人性的张扬与超越——对德国古典哲学精神生产理论的历史分析》，载《河南社会科学》，2004年第2期。

③ 韩震：《教育的价值和价值的教育》，北京：人民出版社2015年版，第428页。

探讨了知识的一般发生问题。谢林则把精神生产视为主观与客观相统一的过程。

对马克思哲学思想影响最大，在德国古典哲学家中对精神生产问题认识最全面、最深刻的当属黑格尔。虽然黑格尔并没有直接提出“精神生产”这个语词，但黑格尔在著作中多次提到“精神技能”“精神产品”和“精神上的创造者”等新概念。黑格尔认为“精神生产”是对客体本质和规律的认识，因此同一般的生产性实践活动一样具有普遍性。黑格尔还看到了精神生产的结果——精神产品本身作为精神技能或精神生产力的载体，在传授知识、让度精神生产成果方面发挥的作用。但是，黑格尔关于“精神生产”的思想存在着致命的缺陷。黑格尔把“绝对精神”看作精神生产的真正主体，将精神生产的过程归于绝对精神异化、发展和复归的过程，从而导致将“现实的人”——精神生产真正的主体——变成“绝对精神”自我实现的工具。继黑格尔之后，费尔巴哈对“精神生产”作了唯物主义的解释，明确提出“精神生产者”的概念，并且将“精神生产者”定位于“现实的、有血有肉的人”。更重要的是，费尔巴哈将黑格尔颠倒的问题重新颠倒回来，重新确立了恰恰是“人类社会”生产出“精神”的正确认识。费尔巴哈对精神生产认识的局限在于，他没有看到“人”是生活在一定的社会关系之中的人，而不是抽象的、生物学意义上的人。

第二，国内外学界对于马克思“精神生产”的意涵持不同的意见。

首先，目前学术界对于马克思精神生产理论提出的确切时间尚存争议。李健将“精神生产”概念的提出时间确定为《1844 年经济学哲学手稿》，“从理论领域来说，植物、动物、石头、空气、光等等，一方面作为自然科学的对象，一方面作为艺术的对象，都是人的意识的一部分，是人的精神的无机界，是人必须事先进行加工以便享用和消化的精神食粮。”①李健对马克思这里使用“进行加工”一词的解释是，为了给人们提供精神

① 《马克思恩格斯文集》(第 1 卷)，北京：人民出版社 2009 年版，第161 页。

食粮——精神生产的产品，运用科学和艺术的手段对自然现象“进行加工”，所以，这里的“进行加工”就是指进行“精神的生产”。①

而周力辉和方世南较为赞同的观点是，马克思恩格斯在1844年合著的《神圣家族》一书中第一次使用“精神生产”这一术语。他们认为马克思恩格斯在阐述衡量劳动产品价值大小的标准是劳动时间这一政治经济学问题时，类比精神生产的领域也是如此。由此认为，《1844年经济学哲学手稿》中所提到的“宗教、家庭、国家、法、道德、艺术等等，都不过是生产的一些特殊的方式；并且受生产的普遍规律的支配”中的这种“特殊的生产”，被直接地规定为“精神生产”。② 还有学者认为马克思是《德意志意识形态》中首次提出了“自己生命的生产”“他人生命的生产”和“思想、观念、意识的生产”这样三种生产类型的思想，“精神生产”理论就是这里提出的“思想、观念、意识的生产”。

其次，学界现有研究对“精神生产”的含义存在争论，对其内涵与外延的理解主要有三种代表性观点。

第一种理解认为“精神生产”在认识论范畴内等同于“人的意识的生产”。作为学界中较早研究此问题的学者景中强就持这种观点，他认为精神生产即“关于意识的生产”，体现的是人对自然界、对人与世界的关系以及与人自身的关系的认识能力，人为了满足自身的精神发展的需求、为了一定的目的生产出来供自己或他人消费的精神产品。③ 按照马克思对精神生产进行“意识形态的生产”和“自由的生产活动”的区分，王荫庭将景中强的观点进一步阐发为，专业的或业余的精神生产者所自觉进行的创

① 李健：《马克思精神生产概念的提出及意义——马克思精神生产理论早期文本学研究》，载《宁夏党校学报》，2007年第5期。

② 周力辉、方世南：《马克思恩格斯精神生产概念的提出及其科学内涵》，载《南华大学学报（社会科学版）》，2012年第8期。

③ 景中强：《马克思主义哲学视野中的精神生产范畴》，载《理论与改革》，2002年第11期。

造观念产品的活动都属于精神生产。①

还有学者进一步区分了两者的差别，夏赞忠认为精神生产是意识生产的高级阶段，初级形式的意识生产只是一种日常的意识，而精神生产属于高级形式意识生产的部分，是相对独立于社会生产的一个部分。但意识生产的初级形式孕育着精神生产的萌芽，二者有着密切的联系，不能割裂。②朱义禄将这种区分归纳为广义和狭义的精神生产概念。③

第二种理解认为“精神生产”在唯物史观的范畴属于社会全面生产的一维。以“生产”为核心考察整个人类社会的发展，精神生产毫无疑问属于社会全面发展的一个方面。景中强重点从共时态上阐述了精神生产与社会其他生产之间的关系，从历时态上阐明了在人类社会不同发展阶段上精神生产发挥的不同作用。

第三种理解认为“精神生产”在人学范畴内彰明人与动物的根本区别。李文成、景中强都认为马克思摆脱了人本主义的束缚，从人的“社会性”和“人的自由自觉的活动”两方面来重新审视“精神生产”对于确证人的类本质的重要意义，从而深化了对于人的精神生产以及对人的本质的认识。

综上所述，学界对何为马克思“精神生产”的研究取得了较多的成果，但也存在一定的问题。李文成认为，由于国内学界对马克思原著的研究多采用英译本为蓝本，而非直接以德文原版为参考，会导致研究成果中对马克思“精神生产”概念本意理解不准确的问题。④其对精神生产问题的研究多基于对德文版原著的直译，具有较高的借鉴价值。因此，要把握这一概念的准确意涵，仍需要返回马克思的原著，尤其是德文版原著中加

---

① 王荫庭：《精神生产三题》，载《马克思主义研究》，1988年第4期。

② 夏赞忠：《精神生产概论》，长沙：湖南出版社1991年版，第11—26页。

③ 朱义禄：《精神生产略论》，载《上海交通大学学报（社会科学版）》，1999年第1期。

④ 李文成：《略论精神生产的概念和历史形成》，载《哲学研究》，1985年第5期。

以深入研究。

第三，国内外学术界对于“精神生产过程”有不同的看法。

目前学界的研究成果多集中于从历史和理论两个维度对精神生产历史过程的研究，主要代表性观点有以下三种：

第一种认识，以不同的标准对人类社会发展不同形态进行划分，在此基础上分析精神生产发展的历史过程。如在原始、奴隶、封建、资本主义和社会主义社会五种社会形态中分析不同社会形态中的精神生产过程。

此外还有学者以《经济学手稿（1857—1858）》为蓝本，根据人与生产力的发展状态划分出的三种人类社会历史形态，把精神生产的历史形式划分为自然经济社会、商品经济社会、产品经济社会的精神生产。① 这种研究多从马克思主义哲学的角度出发。

第二种认识，张义德将精神生产的过程放置到精神生产力与精神生产关系的相互作用过程中进行考察，论述了精神生产者队伍、生产资料、生产手段和生产对象在精神生产过程中彼此之间的互动关系。②

第三种认识，借助马克思政治经济学研究的成果，重点分析在商品生产的社会中，精神产品转化为“资本”的过程。③ 借用物质生产过程的生产、消费、分配、交换的环节，将精神生产置于生产、传播、消费的环节，综合考察了精神生产全过程的三种循环。④

第四，学界对马克思精神生产观点的研究中涉及一个重要的概念，即“意识形态”。约翰·托伦斯（John Torrance）认为，“意识形态”是由精

---

① 张华荣：《精神劳动与精神生产论》，北京：经济科学出版社 2002 年版，第 86—90 页。

② 张义德：《关于精神生产的一般性规定》，载《学习与探索》，1984 年第 4 期。

③ 李文成：《精神的让度——试论精神商品及其生产》，开封：河南大学出版社 1999 年版，第 183 页。

④ 李文成：《追寻精神的家园：人类精神生产活动研究》，北京：北京师范大学出版社 2007 年版，第 154—159 页。

神生产而得出的“理论产品”（theoretical product），这种生产起源于精神劳动和物质劳动的分工。① 也有学者认为，意识形态的概念具有复杂性，并且伴随着精神生产的全过程。美国学者乔恩·埃尔斯特（Jon Elster）认为，“意识形态”主要的功能是解释了“观念”如何产生以及如何被植根于人的心中。②

更为关键的是，有部分学者已经清晰地认识到了意识形态与思想政治教育之间存在着紧密的联系。陆庆壬认为思想政治教育是意识形态的中介和载体，思想政治教育对于引导人们能够在意识形态问题上分清是与非，树立正确的立场信念都具有重要作用，思想政治教育实践活动具有丰富多彩和生动活泼的特点，以思想政治教育为中介，有助于帮助人们更进一步理解社会主义意识形态，并自觉将这种“理解”转化为投身于社会主义现代化建设的积极性。社会主义意识形态与思想政治教育之间的联系在于，社会主义意识形态规定了思想政治教育的性质、目标和方向，并且奠定了思想政治教育的理论基础。因此，“思想政治教育内容在其根本点上是由意识形态的本质所规定的。”③ 在这种意义上，陆庆壬认为思想政治教育是整个社会主义意识形态的重要组成部分。

（三）研究的不足及建议

从以上对国内外学界针对马克思思想政治教育理论和精神生产理论的研究综述中可以看出以下几个问题：

第一，从对“马克思精神生产理论”的研究综述中可以看出，二十世

---

① Torrance, J., *Karl Marx's Theory of Ideas* (1st ed.), Cambridge: Cambridge University Press, 2008.

② Elster, J., *Making Sense of Marx* (1st ed.), Cambridge: Cambridge University Press, 1999. 中译本参见〔美〕乔恩·埃尔斯特：《理解马克思》，何怀远译，北京：中国人民大学出版社2008年版，第449页。

③ 陆庆壬主编：《人的发展和社会发展》，上海：同济大学出版社1994年版，第212页。

纪八九十年代国内学界曾掀起过一阵研究精神生产理论的热潮，改革开放之后人们物质生产水平得到提高之后对于精神生活也提出了更高的要求，对于精神生产的研究热潮就伴随着这种需求而产生，但是，由于实践需求在某种条件下对于理论研究起着决定作用，这股热潮很快就随着需求的消失而退去，学界对于“马克思精神生产理论”的研究远未达到成熟的地步，对于如何运用精神生产的方法分析人类精神生活领域的若干问题也没有详尽的阐发，这一点不得不说是对于尝试挖掘马克思精神生产理论宝藏的一种遗憾。

第二，虽然国内学界期刊论文中较多地选取马克思的某一思想借以阐述思想政治教育的某一问题，但是这种零散的研究远远不能称之为对马克思思想政治教育“理论体系”的研究。另外，借用“马克思主义基本原理”的某些观点充当马克思本人对于思想政治教育问题思考的做法也有待斟酌，这种研究混淆了思想政治教育的“基础理论”与“理论基础”，忽视了思想政治教育领域的“特殊性”，使思想政治教育背负了过多的职能，致使学界整体研究“铺摊子”过大过散，丧失了研究的集中性和针对性，削弱了思想政治教育研究对于思想政治工作进行实践指导的有效性。

此外，学界忽视了将马克思生活史的研究与马克思思想政治教育理论研究的结合。任何一位伟大思想家思想形成的过程都不可能脱离其生活成长的环境和经历，更何况是马克思这样一位兼具理论家与革命家双重身份的国际共产主义运动革命导师。经过将马克思的传记与马克思的手稿进行认真比较式和结合式的研读之后，笔者发现，相较于将马克思视为一位倾向于教育他人的“思想政治教育者”，更重要的是将马克思理解为一位在实践中坚持把“自我教育”置于首位的“无产阶级思想政治教育家”，从这一点出发去梳理马克思的思想政治教育理论正是本书的着力点。

第三，虽然学界对马克思思想政治教育理论和精神生产理论的研究中存在着诸多交叉点，例如“精神生产与思想政治教育的关系”“思想政治教育在精神生产过程中发挥的作用”“意识形态与思想政治教育的关系”等问题。但是，目前尚未有用精神生产的分析方法对马克思的思想政治教育理论进行系统阐述的专著。即使在上述的研究成果中，专门论述马克思思想政治教育理论的内容也比较少，多数只是在论述思想政治教育的理论基础部分才有所涉及，并没有从马克思关于思想政治教育的整体性思路方面进行完整地归纳总结，部分研究者对其中一些点和面展开了细致的论述，但没有抓住这一线索追溯到马克思的原著中去，忽视了从精神生产理论的角度去研究马克思的思想政治教育理论这一维度。但这也正是笔者可以进行深入研究的空白点，为本书提供了可创新之处。

三、研究思路与研究方法

本书的研究思路与研究方法是紧密相关的，选用何种研究方法，以何种研究视角切入，决定了研究思路如何展开。因此，在具体陈述文章的结构安排与研究方法之前，先将其作为一个整体，对行文的总体思路进行概括和陈述。

（一）研究思路

通过对选题相关的马克思原著进行认真研读，本书选用马克思精神生产的分析视角，试图摆脱对思想政治教育进行宏观分析的传统思路，选择沿着马克思精神生产观点中对思想政治教育这一历史现象的分析思路，以精神生产的过程作为主线去系统地梳理马克思对思想政治教育这种现象在历史上形成、流变和最终消亡的思想。并着重考察这种现象在阶级社会存在的基础、具有的功能和作用机制。着眼于从精神生产的生产、分配、交换和消费的环节对思想政治教育的机制进行分析，以探究在精神生产的过程中当其中一个因素发生变化时，其他的因素甚至整个机制的运行会发生什么样的变化，以期从整体上把握马克思的思想政治教育理论。最终期望可以借助“精神生产”的分析视角及马克思的有关思想，对思想政治教育的“来龙去脉”作一种真正符合马克思思想的解读。

在此，有必要对本书采用的精神生产视角做详细说明。本书以马克思的著作为研究文本，选取精神生产的视角作为切入点。根据马克思主义世界观方法论统一的主张，马克思分析“精神生产”的观点，就是《德意志意识形态》开始部分反复说明的相对于德国哲学来说的一种研究问题的方法和思想——唯物主义历史观：“从直接生活的物质生产出发阐述现实的生产过程，把同这种生产方式相联系的、它所产生的交往形式即各个不同阶段上的市民社会理解为整个历史的基础，从市民社会作为国家的活动描述市民社会，同时从市民社会出发阐明意识的所有各种不同理论的产物和形式，如宗教、哲学、道德等等，而且追溯它们产生的过程。”①

在此特别强调“精神生产”，因为唯物主义的历史观如我们一直以来所熟知的，侧重于说明“意识的所有各种不同理论的产物和形式”的本质是第二性的，“意识”是由“直接生活的物质生产决定的”，即从“是什么”和“为什么”的角度分析论证，“从物质实践出发来解释观念的形成”。至于“意识”是“怎么样”产生和发展的问题，则没有引起更多的关注。而这个“怎么样”的问题，例如，《德意志意识形态》中所述，统治阶级作为“思想的生产者”，他们掌握着调节“时代的思想的生产和分配”的权力，并且运用这种权力使本阶级的意志变为一个国家、一个时代占据统治地位的思想。这显而易见地就是在说我们称之为“思想政治教育”的那样一种社会现象。

马克思是否有十分系统的、像他的政治经济学一样的“精神生产学”，这本身是一个可以讨论的问题。但是，“精神生产”概念以及理论的建立，却给我们提供了一个研究马克思的思想政治教育理论的恰当路径：其一，他的有关思想和观念坚持了他所创立的唯物史观的立场和方法，并且构成

① 《马克思恩格斯选集》(第 1 卷)，北京：人民出版社 2012 年版，第 171 页。

他的思想体系的一个必要部分；其二，马克思在其精神生产观点中使用了一系列重要的概念去分析“生产”过程，例如生产力、生产关系、生产方式，生产、分配、消费、再生产，生产的要素、过程、机制等，这些概念都为本书采用“精神生产”的方法去剖析马克思的思想政治教育理论提供了新的视角。因此而探究“精神”，显然是对思想政治教育的一种真正的理论研究。

（二）结构安排

在结构上，本书由导言、正文和结语三个主要部分组成。

导言部分主要阐述了选题依据及研究价值、马克思精神生产及思想政治教育理论的国内外研究现状，本书的研究思路及研究方法、全书的结构安排和重点难点及创新之处。

正文部分共四章，即为第一章至第四章。主要思路是立足于马克思的原著，以文本研究的方法，依照马克思唯物史观萌芽、形成，直至成熟三阶段的划分，以此为马克思思想政治教育理论分期的依据，在“精神生产”的视角下梳理和阐述马克思对思想政治教育问题的思考和阐述。

具体来说，第一章明确了本书对马克思思想政治教育理论的研究视角及使用的研究方法，即“精神生产”的视角。马克思“精神生产”的观点为研究其思想政治教育理论提供了全新的范式，所以首先需要说明马克思精神生产观点中几个重要的概念，包括马克思对“生产”“精神生产”的理解与界定，马克思对这两个重要概念的界定就决定了他的思想政治教育理论的概念前提。其次，明确马克思精神生产理论与思想政治教育的关系，并以此为过渡，转向对马克思语境中思想政治教育概念的说明。最终，清晰界定本书是在何种意义上使用“思想政治教育”的概念。

第二章至第四章，按照马克思的思想政治教育理论随着唯物史观萌芽、形成、发展和成熟的原则，将马克思思想政治教育理论的形成过程分为萌芽期（1843—1844 年）、基本形成期（1845—1848 年）和成熟期（1849—1883 年）三个阶段，分别阐述马克思在思想发展的不同阶段提出的思想政治教育论断。

马克思在其思想政治教育理论的萌芽期，将在唯心主义那里颠倒了的“物质与意识”的关系重新颠倒回来，之后进入人类精神生活的领域，从精神生产的视角考察思想政治教育作为一种具体工作和社会历史现象涉及的种种问题，又在思想成熟期深入到资本主义条件下精神生产的各个环节考察资本主义思想政治教育的作用机制，并提出彻底消灭阶级教育的具体途径。

在马克思关于思想政治教育理论发展的每一个时期，首先介绍马克思在此阶段撰写的代表性著作和写作的时代背景，目的是交代清楚每个时期马克思思想形成的社会历史条件，重点说明在每个时期马克思关注的思想政治教育问题是什么，进而阐明马克思在理论和实践探索中得出的关于思想政治教育理论的主要观点，并体现出马克思思想政治教育理论思想理路逐渐清晰的过程。

第五章是从理论的高度总结和提炼出马克思思想政治教育理论的基本观点和主要认识，以对马克思思想中思想政治教育的一般性原理和基本立场原则做出说明。重点在于说明无产阶级思想政治教育与以往“阶级的教育”的根本性区别，彰显无产阶级思想政治教育追求实现“人类解放”的最高价值。

最后一部分为结语部分。结语部分基于前面章节的研究逻辑和内容，回应导言部分提出的疑问，重点在于跳出文本之外，反思提出“无产阶级思想政治教育”的马克思本人是如何在革命实践中，在思想上不断进行“自我革命”“自我教育”的过程中，建立起深刻、完善的思想政治教育理论体系，借助这种反思加深对马克思思想政治教育理论的整体理解，结语部分还会对研究中遇到的困难和研究的不足之处进行说明，并指出今后可以进一步深入研究的方向。

（三）研究方法

方法是解决问题的路径，针对研究问题选择正确的研究方法是解决问题的捷径。本书从“精神生产”视角进行“马克思的思想政治教育理论研究”，直接决定了本书的研究方法侧重于原著的研读和文本的研究。马克思是唯物史观的创始人，同时，唯物史观也是马克思主义哲学的科学方法论，是指导学术研究的科学方法。因此，本书将唯物史观作为研究的根本方法，注重多种研究方法的综合运用，以保证行文逻辑思维严密、研究框架完整。

1. 文献研究法

因为本书进行的是原著研究，所以重点在于研读马克思的原著并从中总结归纳马克思对思想政治教育的分析和相关观点。在研读原著的过程中要坚持严谨认真、不畏困难、勤于发问的态度，同时甄别国内外学界对马克思原著研究的不同立场，合理地借鉴其研究成果。此外，还要注意搜集、整理国内外相关的研究文献以形成对马克思关于思想政治教育理论全面的、完整的认识。国内的研究成果相对丰富和完善，运用文献研究法要适当去粗取精，而对待西方马克思主义学者的研究成果，则要综合阅读比较其英文原著和中译本，力求正确、透彻地理解作者原意，将国外学者研究的新视角、新思路、新观点为我所用。对马克思关于思想政治教育理论的研究运用文献研究法时，要注意在阅读大量的文献时绝不能落入窠臼，照搬照抄以往的研究套路，必须从马克思的原著文本出发，以严谨的态度认真研读原著，同时吸收借鉴国内外相关研究成果对学术专著、期刊论文等文献进行鉴别和判断，对关键性文献进行重点理解，完整归纳整理，以支撑研究的深入开展。

2. 历史分析法

从精神生产切入对马克思关于思想政治教育的思想研究必须回归到原著中，在其思想形成不同阶段的历史背景中具体地分析马克思思想形成的社会基础和历史背景，才有可能提纲挈领式地抓住马克思在精神生产理论中分析思想政治教育的思想发展主脉络。同时，作为一种社会历史现象的思想政治教育，它的生成和存在都植根于社会的发展之中，社会发展的过程也是历史演进的过程。运用历史分析法探讨其形成、发展、变化的机制与过程，既是理论研究的客观需要，也是现象分析的必然要求。因此，综合运用历史分析法对马克思关于思想政治教育的思想演变进行系统梳理是一种重要的研究方法。

3. **逻辑与历史相统一的分析方法**

任何社会科学的理论概念都要在它的历史的或逻辑的形成过程中加以阐明。逻辑的分析要想把握住事物一般性的规律和本质的联系，就必然要结合历史的分析。但逻辑的分析又“超越了”历史的分析，逻辑分析抓住了事物在历史发展中的必然和本质，才能突破历史分析的限制，根据事物的发展规律预测事物的发展趋势，从而找到解决问题的方法。运用逻辑与历史相一致的方法研究马克思关于思想政治教育理论的问题，就是要在分析理论形成的历史过程中，找到隐藏在其中抽象的马克思思想发展的内在逻辑，将逻辑的维度与历史的维度有机结合，从而完整地展现马克思在精神生产理论中分析思想政治教育的思想全貌。

四、重点难点和创新之处

（一）研究重点

1. **用精神生产方法系统梳理马克思的思想政治教育理论**

在以二手的、经由某个“权威”的解释来讨论马克思思想立场的做法已经司空见惯的时候，笔者依旧认为，返回经典并直接切入马克思本人的理论贡献才是探究何为马克思本意的捷径。从精神生产的角度对马克思思想政治教育理论进行系统梳理是本书的研究重点之一。原因在于从马克思精神生产的角度切入，才有可能为提炼和概括马克思关于思想政治教育的基本立场和基本观念打下扎实的基础，也为今后对马克思思想政治教育理论更深入更细致的研究提供了新视角。马克思主义是鲜活的、不断丰富的思想体系，所有试图将其一劳永逸固定化的做法都是值得质疑的。这就是为什么本书要再次返回到马克思的原著中，梳理马克思在原著中对思想政治教育历史现象进行的大量而深刻的分析，并厘清马克思在文本中表达出来的对思想政治教育的基本观点和基本认识。

2. 对马克思思想政治教育理论基本立场和主要观点的研究

从精神生产的角度梳理马克思思想政治教育理论的目的，就是为了能从其思想发展的脉络中总结和提炼出马克思关于思想政治教育的基本立场和主要观念，这是本书的重中之重。从这个意义上说，本书的本质是借助马克思的原著进行的思想政治教育基础理论的研究，而理论研究的目的就是为了能够把握住一般性的规律或元原理。同时，马克思关于思想政治教育的基本立场和主要观念又是确立马克思主义是思想政治教育理论基础的直接依据，对于回答马克思是否具有系统的思想政治教育理论的问题，有力回击对思想政治教育是否是科学的质疑具有重要意义。

（二）研究难点

1. 用精神生产方法系统梳理马克思的思想政治教育理论

从精神生产的角度对马克思思想政治教育理论的系统梳理既是本书的重点，同时也是难点。分析研究马克思的原著本身就是一个难题，想要从研读原著的过程中以马克思的视角进一步构建其关于思想政治教育的系统思想更是难上加难。因为马克思并没有在其文本中直接对思想政治教育进行定义或做系统的论述，其思想多散落于不同时期撰写的多篇原著的各个角落。但在整体上，马克思那里存在着一个内在具有一致性的思想政治教育概念，马克思是在论述精神生产理论的过程中对这个概念进行阐发的。马克思视域中的这个思想政治教育的概念正是引导研究者去探索马克思思考思想政治教育问题的一根主线。同时，这根主线贯穿问题的始终，也是梳理马克思论述思想政治教育系统思想的关键。本书的难点就在于要找到这根贯穿始终的主线，把握其逻辑发展并且明确其与相关问题变化发展的总的关系。

2. 提炼马克思思想政治教育理论的基本立场和主要观点

对马克思思想政治教育理论发展的内在逻辑、要旨和理论体系的言说，并不是在描述一个客观事实，而是在进行“文本解读”。马克思原著中的语言并非是浅显易懂的，想要真正“读懂”马克思的“原意”是一件难事。在原著中马克思没有直接使用现代思想政治教育学中的“思想政治教育”概念，而是通过特定的方式使用“思想关系”“精神生产关系”“精神交往”等概念来指向思想政治教育的实质，在描述精神生产的过程中分析思想政治教育的机制。笔者为提炼马克思对思想政治教育的一般性认识，必须通过细致的上下文分析来描述它的一些本质特征，这样的工作需要较高的研究文本和理论分析的能力。同时本书还要求在客观的立场上，在系统梳理马克思的思想政治教育理论的基础上，抽象提炼出马克思关于思想政治教育的基本立场和主要观念，更是对于研究者理论研究能力的一种考验。

（三）创新点

1. 回到马克思原著中研究其思想政治教育理论是新探索

区别于当前学界更多地是通过二手资料对思想政治教育做出的已有解读，本书力求通过回到马克思原著的字里行间中去寻找马克思对于思想政治教育问题的思考路径，力求在回归到马克思的语境中去解读思想政治教育的意涵，遵从马克思对思想政治教育问题的致思理路，探究作为“人类精神生产进入文明时代以来的一种特殊形式”——思想政治教育所关注的核心问题——人的思想、观念、意识的产生、发展、变化问题究竟表达了哪些观点，期望最终能以论证翔实、论述清晰、观点具有说服力的成果对马克思的思想政治教育观点做出全面的阐述和评价，这种回归马克思原著的研究思路可以算作一种新的探索。

2. 用精神生产视角梳理马克思的思想政治教育理论是新尝试

即使在对精神生产理论进行专门研究的马克思主义哲学领域，对马克思精神生产观点的研究也可谓是起步晚、成果少。① 其研究成果多被用于研究社会主义文化产业发展或考察其对文学理论的影响。实际上，笔者通过对马克思精神生产理论的研读，发现精神生产理论所表达的恰恰是马克思从唯物史观的高度对人的意识的生产与再生产的哲学思考，这其中所包含的对思想政治教育这种社会历史现象形成、发展、变化的过程和机制的阐述是最为精辟和独到的。立意用精神生产方法梳理和剖析思想政治教育活动，相较于截取马克思思想的一部分片段论述思想政治教育下属子问题的思路，本书更能够展现马克思关于思想政治教育问题思考的全貌，这是研究思路上的一种创新。

3. 以精神生产的视角研究马克思思想政治教育理论得出新结论

遵照马克思思想的内在逻辑，以精神生产的视角切入研究马克思对思想政治教育问题的思考，将对马克思的生活史研究与思想史研究相结合，从整体性的角度考察马克思同时作为伟大的理论家和革命家的双重身份，在指导国际共产主义革命的历史过程中观察思考社会现实并总结革命经验，进而在唯物史观的高度分析人的思想观念发展过程，以及人在阶级社会中出现的“精神异化”的现象，进而探究“无产阶级思想政

① 景中强：《马克思精神生产理论被忽视的主要原因探析》，载《中州学刊》，2006 年第 11 期。

治教育”对消除阶级社会中人的“精神异化”现象的作用，马克思主张通过共产主义革命在彻底消灭私有制的前提下，以“无产阶级思想政治教育”为过渡，实现“人性的复归”与“人的精神解放”，最终，思想政治教育伴随着阶级和国家的消失而消失，转变为一种“社会教育”和社会全体成员的“自我教育”。这种以精神生产的视角研究马克思思想政治教育理论得出的新结论，可以进一步深化和厘清思想政治教育的具体任务和价值旨归。

第一章　精神生产视角下马克思思想政治教育理论之概念澄清

享誉全球的马克思主义史学大家埃里克·霍布斯鲍姆（Eric Hobsbawm）在《如何改变世界：马克思和马克思主义的传奇》一书中强调马克思的思想具有普遍全面性的特点，他借用阿塔利（Attali）的话作为论证，“马克思是第一个把世界作为政治、经济、科学和哲学的整体来理解的人”①。马克思这种着眼于社会全局的分析视角无疑是其思维方式的亮点。“精神生产”正是马克思运用唯物史观的思维方法，基于社会全局的视角下，尤其是在大工业生产的条件下，对人的思想观念产生、发展、变化过程的一种分析。

在“全面生产”的理论前提下，马克思巧妙地将“精神”与“生产”连接起来，使“精神生产”作为一个具有整体性意味的语词，用以说明人类的精神生活是依照什么样的规律、以什么样的方式发生变化的问题。我们今天在一般意义上称之为思想政治教育的活动，正是一种借助于对精神生产资料的调节，以促进“思想的社会关系”的生产和再生产的活动。从

---

① Hobsbawm, E., *How to Change the World-Reflection on Marx and Marxism*, New Haven: Yale University Press. 2011, p.12. 中译本参见〔英〕埃里克·霍布斯鲍姆：《如何改变世界：马克思和马克思主义的传奇》，吕增奎译，北京：中央编译出版社 2014 年版，第 11 页。

“生产”“精神生产”这样一些独具马克思特点的概念入手，对精神现象的分析能够充分展现马克思从根本上对思想政治教育这种社会现象发展变化规律所做的透彻剖析和说明，以此为马克思思想政治教育理论的实际存在与成熟完善做出例证。

马克思曾说：“任何社会科学的理论概念都要在它的‘历史的’或‘逻辑的’形成过程中加以阐明。”①本章作为全书开篇，必然要对文中重要概念的历史逻辑做出说明，以为全书的论证做好理论的铺垫。

基于此，本章主要讨论的问题有：第一，马克思的“生产”概念在政治经济学的意义上意味着什么？它的一般意义又是什么？“生产”与马克思的价值诉求在本体论上的关系如何？第二，“精神生产”在马克思的生产理论中居于何种地位？马克思如何展开对精神生产问题的探讨？第三，既然意识的所有各种不同理论的产物和形式是由直接生活的物质生产决定的，那么，物质生产怎样制约了人的精神活动的形式并决定了其具体的内容？第四，人的精神活动在什么样的基础上和历史条件中形成了某种自为的形式，即“生产”的机制？第五，在何种意义上可以说马克思对精神生产过程的分析即为其思想政治教育理论的展开过程？

因此，本章从马克思的原著出发，在精神生产视角下对其思想政治教育理论的重要概念前提展开讨论，目的是详细说明以精神生产的视角切入阐述马克思的思想政治教育理论确有其合理性与自洽性。

第一节　“生产”与“精神生产”

精神世界的奥秘总是让人着迷，古今中外哲学社会科学研究中从不缺乏对人类精神世界的探索。古希腊先哲柏拉图提出“理念论”，标志着人

① 《马克思恩格斯全集》（第25卷），北京：人民出版社1956年版，第17页。

类对于世界的思考开始从“地上”转向“天上”，这不仅是整个西方哲学史上的一个拐点，更标志着人类精神世界蓬勃生命力的迸发。但是，近代形而上学将对“理性”的崇拜推向极致，最终导致陷入理性王国的泥潭不能自拔，直至滑向虚无主义的深渊。马克思创立唯物史观，打破了近代形而上学构建起来的概念世界，代之以“感性对象性活动”为根基的实践考察，关涉“现实的人”最内在的生存状况和“生产”的存在论境遇，并在此前提下对人类精神世界的发展规律，以及人类发展过程中所面临的精神困境进行了深刻的分析与批判。精神生产理论是唯物史观的重要组成部分，马克思最初由分析资本主义社会经济发展中出现的问题，进而发现支配社会经济发展的规律同样也支配着社会中人们精神世界的发展变化，由此开启了对人类“精神生产”的分析。

一、“生产”的意涵

随着学界对马克思哲学思想的研究不断加深，“生产”成为理解其思想非常重要的一个中心概念。① 它既是马克思政治经济学的核心概念，也是其哲学思想中具有划时代变革意味的重要概念。总之，在马克思的语境中，“生产”蕴含着以下几个维度：

第一，“生产”的经济学维度。在狭义的理解中，马克思在原著中大多数使用的“生产”即指“物质资料的生产”。马克思在政治经济学的分析中认为，“生产”作为整个社会经济活动的核心要素，支配着整个国民经济运动的全过程。“生产”既支配着生产自身，也支配着交换、分配、消费等其他要素。任何一次生产全过程必然是从生产的环节开始。相比较之下，交换、分配和消费并不是在生产过程中起支配作用的东西，但它们

---

① 俞吾金在《作为全面生产理论的马克思哲学》中认为，应打破“历史唯物主义和辩证唯物主义”区分，将马克思哲学理解为全面生产理论。载《哲学研究》，2003 年第 8 期。

都属于生产过程的重要要素。生产不仅决定着交换、分配、消费这些要素，一定的生产还决定着这些要素彼此之间必然发生一定的关系。

但如果就此断定，马克思仅仅是从经济学的意义上理解“生产”，将生产局限于创造财富的劳动，那就是对马克思“生产”概念的一种误读。马克思的研究绝非是就生产而论生产，也不是对经济生产规律所进行的单一研究。可以说马克思对生产的研究始于对资本主义生产进行科学的实证分析，但绝不终于经济学的范畴。马克思研究“生产”的目的在于，通过具体分析资本主义商品社会经济生产的全过程，揭露剥削的实质及其运作机制，剖析资本主义生产力与生产关系之间的矛盾，最终在此基础上找到无产阶级彻底消灭资本主义生产关系的变革办法，指明全人类争取自身解放的道路。

另一种对马克思“生产”概念的误读在于，将马克思对“生产”的分析研究对象仅局限于资本主义的生产方式及其后果，认为“它的针对性、有效性经常是就资本主义经济体制中的生产而言的”①。持这种观点的学者多引用恩格斯在1876年9月到1878年6月间写作《反杜林论》中的两段话作为辅证，“政治经济学作为一门研究人类各种社会进行生产和交换并相应地进行产品分配的条件和形式的科学——这样广义的政治经济学尚待创造”和“到现在为止，我们所掌握的有关经济科学的东西，几乎只限于资本主义生产方式的发生和发展……”②

这种误读一方面狭隘地限制了对马克思“生产”概念深入、准确的理解，另一方面很容易招致马克思主义“过时论”“失效论”的错误。那么，是不是只要理论体系的架构起源于对资本主义生产的分析，它的现实解释力的释放就仅局促于“资本主义”的框架中呢？事实显然并非如此。只要马克思所揭示的资本主义生产方式的本质没有发生根本的变化，例如以市

---

① 陈奇佳：《马克思精神生产理论的当代诠释》，北京：人民出版社2011年版，第129页。

② 《马克思恩格斯选集》（第3卷），北京：人民出版社2012年版，第528页。

场的方式分配生产资料、劳动雇佣制度与劳动力商品化等，马克思的“生产”理论在当下就仍然具有强大的解释力。

第二，“生产”的哲学维度。从唯物史观的立场出发，马克思语境中的“生产”指涉的是人类社会整体生产和再生产的理论，即“全面生产”理论。

在这种理解的前提下，马克思的“生产”概念具有了存在论的维度。存在论的拉丁文为“Ontologie”，意指研究“作为存在的存在”。邓晓芒在《马克思论“存在与时间”》中认为，马克思存在论中的“存在”，指的绝不是现存事物或任何自然物，而是人的此在，人的生命活动。① 这一观点得到学界的普遍认同。

俞吾金提出，传统哲学教科书从单纯的经济学意义上理解马克思的“生产”概念是存在问题的，马克思在更多的意义上是在哲学的层面使用和剖析“生产”的概念，“即把人类的全部活动，乃至整个社会的延伸都理解为生产的过程和结果”②。唐正东则更加侧重于强调，“物质生产”在马克思的经济学中是一个“本体论概念”，马克思在本体论的意义上试图说明“物质生产”与人类生存活动的直接相关。③ 从马克思思想发展的理路中不难看出，马克思把“生产”理解为一种“生存”，是人的生存方式，进而从存在论的意义上提出和分析“生产”的概念。

马克思在《1844 年经济学哲学手稿》中，从对黑格尔哲学和国民经济学的批判中剥离出“人的感性对象性活动”。自此，“人的感性对象性活动”成为马克思“生产”概念存在论境遇的核心。马克思生产概念的存在论境遇超越了形而上学抽象的主客体之间的二元对立。继而，马克思又彻底清算了费尔巴哈在人类社会和历史发展领域所犯的唯心主义错

① 邓晓芒：《马克思论“存在与时间”》，载《哲学研究》，2000 年第 6 期。

② 俞吾金：《作为全面生产理论的马克思哲学》，载《哲学研究》，2003 年第 8 期。

③ 唐正东：《作为历史本体的物质生产：新唯物主义哲学在经济学研究中的深化》，载《南京社会科学》，1999 年第 2 期。

误，并直接使用了“感性的活动”“生命的生产”“直接生活的生产”“自由自觉的感性对象性活动”等提法，并对生产作为历史发展的基础展开了论述。

这里需要注意的是，马克思在阐述“生产”的概念时，同时引出了另一个具有重要意义的概念，即“生产关系”的概念。马克思批判国民经济学对“生产”所做的只是一种抽象理解。与他们相反，马克思主张将生产、分配、交换和消费作为统一整体，并指出“生产”总是在一定“社会关系”中的生产，从而形成了一定的“生产关系”。萨林斯（Sahlins）在《文化与实践理性》一书中也谈道，在马克思那里，“生产”不仅是生产者的生产，而且也是生产得以进行的生产关系的生产。① “生产关系的生产”可以称得上是马克思创立唯物史观中的一大理论贡献，它直接指向了对人类生存发展及人类最终解放的现实关切。马克思借用“生产”“生产关系”等概念的存在论意涵，在分析资本主义生产的过程中，对资本主义社会关系中的“生产”展开批判，揭示了资本生产在资本主义社会关系中所造成的人的“异化”及对人的压迫。

第三，“生产”的人学维度。马克思语境中作为“对象性本质力量的主体性”的“生产”概念，蕴含着对“人的类本质”的确认。马克思从早期撰写《博士论文》到之后对黑格尔哲学和政治经济学的批判性分析，对“生产”的分析逐渐从具体的经济环节抽象到更高的哲学层面。《1844年经济学哲学手稿》标志着马克思开始对黑格尔近代形而上学进行批判性脱离。自此，马克思尖锐地指出，黑格尔的“劳动”是一种“抽象的精神的劳动”，这种抽象的精神劳动创立的并非是现实的物，这是黑格尔关于“劳动”问题思考的重大缺陷。从对黑格尔的批判中，马克思得出了自己的“生产”概念，即以“感性对象性活动”为基础的存在论意义上的概念，马克思所说的“感性对象性活动”在其现实性上就是人的感性生命活

① 转引自冷梅：《马克思生产概念的当代阐释》，武汉：华中科技大学出版社2012年版，第31页。

动，就是生产。

马克思认为当“现实的”“有形体的”、生活在地球上并需要运用一切自然资源以维持自身生存的人，通过实践把自己“现实的、对象性的本质力量”外化为“异己的对象”时，“这种设定并不是主体；它是对象性的本质力量的主体性，因而这些本质力量的活动也必须是对象性的活动。”①马克思在这里确证的恰恰是“对象性的本质力量”的主体性。

马克思在这里要强调的有两点，人首先是“自然存在物”，人不论从事物质生产活动还是从事精神生产活动都无法脱离对自然界物质资料的依赖。但更重要的是，人还是“人的”自然存在物。人在自然界中与动物的区别就在于人具有一种“我”的意识，它是人指向自我的一种独立的意识，人是为自身而存在着的存在物。马克思反对黑格尔将人归为“自我意识”的主张，而是强调“人的感性对象性活动”，继而从“类存在物”的维度探讨了“人的本质”，一方面人能够在物质和精神生产活动中自觉地把“自身的类”以及“其他物的类”当作自己认识与实践的对象；另一方面，人自觉地把自身当作“自由的存在物”来对待，人正是在改造对象世界的“生产”过程中，才能真正地证明“人是类存在物”。正是从以上的意义来说，在马克思那里，“生产”活动本身就是对“人的类本质”的例证。

第四，“生产”的历史维度。作为历史本质基础的“生产”概念，奠定了历史唯物主义的创立基础。恩格斯在《卡尔·马克思》中盛赞马克思将生产作为历史本质基础的伟大进步，自此以后，“历史破天荒第一次被安置在它的真正基础上”②。早在《神圣家族》中，马克思就表达了历史的基础奠基于物质生产的思想，马克思质问“批判的批判”的错误，难道他们以为不去认识“某一历史时期的工业”和“生活本身的直接的生产方

---

① 《马克思恩格斯文集》(第1卷)，北京：人民出版社2009年版，第209页。

② 《马克思恩格斯选集》(第3卷)，北京：人民出版社1972年版，第41页。

式”，它就能真正地“认识”这个历史时期吗？[①] 在《德意志意识形态》中，马克思从“直接生活的物质生产”的角度考察“整个历史”，指出“生产物质生活本身”就是一切历史的基本条件。在政治经济学的研究阶段，马克思以物质生产作为历史的基础性过程，在《1857—1858年经济学手稿》的开篇即写道“摆在面前的对象，首先就是物质生产”[②]。

马克思没有为生产设定任何的“理性”前提，生产就是人的感性对象性活动，究其本质，人的生产就是人的生命的直接体现，是人的能动的类生活，现实个人的活动即生产。人在从事物质生产的过程中，一旦第一个需要得到满足，或者使第一个需要得到满足的工具又会不断地产生新的需要，可以说，“生产”既满足需要，也生产新的需要，这就是人的生命的生产和再生产的过程。马克思对这一过程的分析也可以从侧面例证人的生命活动就是一种感性对象性活动，是人类历史的第一个历史活动。正是在人的生命生产的过程中，而非是在不同的阶段中，人们在广泛的社会交往中也生产出自己的社会关系，其中自然也包括人在精神上的社会关系。由此可以推出，人在自然界的感性存在是被生产出来的，宗教、道德、政治等观念形式是受生产的普遍规律支配的，是从现实个人的生活过程中产生的，人在物质上的社会关系直接生产出社会人的精神关系。因此，要想对人所具有的观念、意识和思想做出解释，就应该从产生感性生活的“生产”出发。

综合以上的分析可以看出，马克思的“生产”概念突破了近代形而上学和经济学的视域，从“存在论”的高度对“生产”进行了具有变革意义的新阐发，从而展现出对人最内在的生存状况、对人的精神状况、对束缚精神发展因素进行变革的关切。在对“生产”概念进行阐发的过程中，马

---

① 《马克思恩格斯全集》（第46卷）（上），北京：人民出版社1957年版，第191页。

② 《马克思恩格斯全集》（第46卷）（上），北京：人民出版社1972年版，第18页。

克思更进一步地提出了“精神生产”的概念，以揭示人类精神生活发展过程的特点与规律。

二、“精神生产”的意涵

马克思运用唯物史观的方法对人类的生产进行了全面的考察，更进一步地对人类精神生活的历史发展过程进行了高度的总结、归纳和抽象，提出了“精神生产”的概念。从这个意义上说，马克思是第一位从相对于“物质生产”的角度提出“精神生产”概念的思想家。对这一概念的理解不能脱离唯物史观的范畴，必须从相较于物质生产的角度来理解作为社会全面生产一维的“精神生产”概念。对此，马克思有着丰富而深刻的理论分析。

在《神圣家族》中，马克思在阐述劳动时间是衡量劳动产品价值大小这一政治经济学的基本原理时，第一次使用“精神生产”的概念。马克思认为精神生产领域也同样遵循着物质生产的规律以及衡量物质产品的价值标准，“如果想合理地行动，难道在确定精神作品的规模、结构和布局时就不需要考虑生产该作品所必需的时间吗”。① 在这里，马克思已经把在《1844 年经济学哲学手稿》中所提到的“宗教、家庭、国家、法、道德、艺术等等，都不过是生产的一些特殊的方式”② 中这种“特殊的生产”直接地规定为精神生产。③ 为使对马克思“精神生产”概念的考察在历史与逻辑相统一的过程中展开，以下从四个方面阐述马克思“精神生产”的意涵：

第一，“精神生产”概念的历史维度。在《德意志意识形态》中，马

① 《马克思恩格斯全集》（第 2 卷），北京：人民出版社 1957 年版，第 62 页。

② 《马克思恩格斯文集》（第 1 卷），北京：人民出版社 2009 年版，第 186 页。

③ 周力辉、方世南：《马克思恩格斯精神生产概念的提出及其科学内涵》，载《南华大学学报（社会科学版）》，2012 年第 8 期。

克思指出：“思想、观念、意识的生产最初是直接与人们的物质活动，与人们的物质交往，与现实生活的语言交织在一起的。观念、思维、人们的精神交往在这里还是人们物质关系的直接产物。表现在某一民族的政治、法律、道德、宗教、形而上学等等的语言中的精神生产也是这样。”① 李文成认为按照德文原文，上述文本的最后一句应译为“表现在某一民族的政治、法律、道德、宗教、形而上学等等的语言中的精神生产也是被人们的物质活动所决定的”②。两种译文相对比（为突出两种译文的不同，以上引文中的关键点用黑体标出——笔者注），区分了精神生产最初产生时和物质生产的直接联系，与一般意义上精神生产与物质生产决定关系的区别。

可以看到，马克思在这段话中提出了两个重要的观点：一是“精神生产”本身有一个历史产生的过程。思想、观念、意识“最初的生产”是与人们的物质活动直接相联系的，这里的“最初”指的是人类社会发展的早期，“真正的分工”还未产生之时，原始社会中具体单个的人既是体力劳动者又是脑力劳动者，二者在具体的生产过程中还没有分离，人在从事体力劳动的同时直接创造反映自己精神活动的精神产品，所以人的精神生产是同人的物质活动交织在一起的。例如在原始社会，人改造自然的能力还处于较低的水平，抵御自然灾害的能力较弱，为了求生存不得不采取部落聚集的生存方式，以集体劳动的形式捕获猎物，获取食物和生活资料，这个历史时期人的思想和观念都直接来源于其所从事的物质活动，这一点可以在世界各地发现的原始社会的岩画中得到印证，“岩画”作为精神产品，直接反映了原始社会人的物质生产劳动过程。

二是在“真正的分工”产生之后，以精神劳动与物质劳动的分离为标志，精神生产与物质生产之间的关系由最初的“直接联系”转变为“决定性关系”。

① 《马克思恩格斯文集》(第1卷)，北京：人民出版社2009年版，第524页。

② 李文成：《马克思主义的“精神生产”概念的含义》，载《复旦学报（社会科学版）》，1986年第1期。

精神生产产生及其发展的根本动力是生产力的不断提升。在原始社会末期，随着人从自然界中获取生活资料的能力增强，人的劳动能力已经能够生产超过维持劳动力生活所必需的产品，出现了除满足人的基本需求之外的剩余产品。私有制在人性与生产力的共同作用下产生①，氏族社会中占据要职的少数人占有了剩余产品，并以占有他人的劳动产品维生，从而脱离了体力劳动者的队伍，使体力劳动和脑力劳动发生了真正的分离。随着生产力的进一步发展，脑力劳动开始由一群完全脱离体力劳动，专事于思想、观念生产活动的僧侣、意识形态家承担，在这个时候，“意识才能摆脱世界而去构造‘纯粹的’理论、神学、哲学、道德等等”②。虽然僧侣和意识形态家专职从事思想和观念的生产活动，其所生产出来的精神产品已并非物质生产的直接产物，但由于他们本身受到所处阶级和生活条件的制约，他们生产出来的思想和观念仍然受到物质生产的影响和规约。

第二，从“精神生产”活动的历史生成不难看出，精神现象在产生的过程中与物质、人、社会关系的生产等等不免发生千丝万缕的联系，因而，要在一定的“关系”中理解“精神生产”的概念。

总的来说，马克思的全面生产理论中包含着四类生产。最为基础的是“物质生活资料的生产”，物质生活资料的生产使人在改造自然界的同时，再生产着整个自然界。“人的生产”，这是人的自然属性的展现，人在谋求生存的同时，也有繁衍后代的需求，通过繁衍后代组建了家庭，形成了社会的初级细胞，也为社会的发展和扩展奠定了自然基础。“精神生产”体现的是现实的人在物质生产过程中形成的人与人之间在精神上的社会关系。最后是“社会关系的生产”，在社会生产实践中，由人与人之间自然关系的延伸，促成了社会、国家的产生，从而形成了更为复杂的人的社会关系。

---

① 朱新山：《人性在私有制产生和消灭过程中的作用》，载《南京社会科学》，1996 年第 6 期。

② 《马克思恩格斯文集》(第 1 卷)，北京：人民出版社 2009 年版，第534 页。

在这四种生产之中，精神生产与物质生活资料的生产、人的生产和社会关系的生产都处于密切的联系之中，但从整体的角度而言，精神生产处于最高层面。马克思认为“精神生产”是“整个世界的生产”的重要组成部分，从属于“整个思想上层建筑”，而且在全面生产的整体结构中，精神生产是物质生产所带来的必然升华，一方面“支配着物质生产资料的阶级，同时也支配着精神生产的资料”①。另一方面，精神生产随着物质生产的改造而改造。由此可知，人自身的生产是人类社会发展的前提，物质生产起基础性作用，精神生产主导着人类社会发展的方向。

第三，具体到精神生产体系的内部，马克思在《资本论》中形成的较为成熟的精神生产理论中认为，精神生产包含精神生产力和精神生产关系两部分。因此，要从精神生产力与精神生产关系的相互作用中理解“精神生产”。

马克思在著作中主要在两种意义上使用“精神生产力”概念，一是，马克思在把精神生产当作相对独立的领域中，认为精神生产力就是指人生产精神产品的能力。二是，马克思在相对于物质生产的意义上，把精神生产也作为是人类征服自然能力的一种因素，因此，精神生产力是指人类在征服自然时所使用的精神力量，是“知识形态”的生产力。② 更进一步来看，精神生产力的构成要素是精神生产者、精神生产资料（包含物质性的资料、思想性的资料）和精神劳动对象。当然，必须在一定的历史场景中才能对精神生产者、精神生产资料和精神劳动对象展开具体的分析，例如，三者在阶级社会中的定位、内涵与在社会主义社会，甚至与在马克思推论设想的共产主义社会中就截然不同。此问题会在本书之后的章节中，结合马克思思想政治教育理论发展历史过程具体地展开论述。

---

① 《马克思恩格斯文集》(第 1 卷)，北京：人民出版社 2009 年版，第550 页。

② 李文成：《追寻精神的家园：人类精神生产活动研究》，北京：北京师范大学出版社 2007 年版，第 222 页。

从一般的意义上说，精神生产力必须在一定社会形式的精神生产活动中才能形成，精神生产的社会形式是由人们在精神产品生产、传播和消费中发生的各种关系的总和，以及与它们相适应的社会组织共同构成。人们在精神生产中所形成的，人与人之间在思想上结成的关系，可以称之为“精神生产关系”，这种精神生产关系主要包括精神生产资料的占有关系和精神产品的分配关系，间接地体现出精神生产者和统治阶级的关系、精神生产者和消费者的关系和精神生产者之间的关系。在这里就可以明显地看出，马克思精神生产理论的成熟也暗含着其对唯物史观的理解，马克思把人类历史的发展看成是自然发展的历史，人类社会发展的背后必然隐藏着与自然界发展相类似的规律。因此，不容置疑地可以用物质生产的规律去分析精神生产的过程，以剖析在不同历史条件下，各种思想、观念、意识形态的产生与发展历程，从而得以抽象地把握精神发展的一般规律。

第四，“精神生产”的认识论维度。从认识论的角度来看，马克思的“精神生产”指向的是人类的一种特殊认识活动，它既是对人的实践活动的“反映”，也是一种人发挥主观能动性所进行的“生产”活动。总而言之，精神生产活动是人的思想、观念形成的重要来源。

在思想发展不同阶段的著述中，马克思使用了较多与精神生产现象具有直接关系的表述，例如，“社会意识”“理论”“观念”“教育”“阶级的教育”“宣传”“政治”“文明”“使整个社会革命化的思想”等等。这些相关语词或是表达精神生产的产品，或是表达精神生产的过程，但通过梳理和分析马克思经典著作，以马克思使用过的“意识生产”概念作为参照，明晰“精神生产”概念所指对象。

在使用“人的意识”“观念”“思想”等词语论述相关问题的时候，马克思所指的就是人在实际生产生活中所形成的直接反映其物质活动与交往的意识的生产，涉及的范围较为广泛。但是，在使用“社会意识”“教育”“阶级的教育”“宣传”“政治”“使整个社会革命化的思想”等词语时，马克思所指的精神生产多为与政治紧密相联系的代表某一阶级利益的观念的生产，道德、宗教、哲学多隶属于此类，此类观念的生产已经超出了反映个人思想变化的范围，上升为一种社会整体的观念意识，是高级意识形态的生产、传播、消费、分配及其过程。这两个过程不是互相割裂的，个人的意志不可能直接转变为一种社会意识，但当多个个人的意志通过特定的传播过程，凝结为一种群体的意志或者是某一政党、阶级的意志，才有可能通过阶级的教育形式转变为国家的意志、整个社会的意识。

马克思从自然历史发生的角度考察了精神生产的产生过程，又从人与动物区别的角度考察了精神生产对于人的类本质的确认，由此可见，精神生产是意识“反映”和“生产”的同一。人的意识的生产既是对现实生活的“反映”，又是独属于“人”的一种能动的“生产”过程。意识“反映”存在的过程同时也是意识的“生产”过程，这种“反映”不是一一对应的再现，而是“生产”中对反映对象的进一步加工。正如马克思所说，“适应自己的物质生产水平而生产出社会关系的人，也生产出各种观念、范畴，即这些社会关系的抽象的、观念的表现”①。马克思从物质生产的角度发现了精神生产的秘密，它是“社会关系”这种特殊的关系的产物。从日常生活意识的反映到对人所处的社会关系的观念的生产，精神生产的过程最终使人与人之间结成了一定的“思想社会关系”。

总的来说，马克思对精神生产问题的考察，在两个重大的方向性问题上留下了一些极具指导意义的判断。

第一，要想深入理解精神生产的生产阶层的存在以及他们如何发挥职能，必须要了解精神生产与物质生产之间的密切关系，要以考察物质生产“一定的、历史地发展的和特殊的形式”为基础。并且要在这种基础之上，展开对精神生产的生产内容、组织形式及其与社会生产体制关系等一系列问题的研究。通过这种研究我们能够理解“统治阶级的意识形态”组成部分，即精神生产如何生产符合统治阶级利益的意识形态，并使得自己成为

① 《马克思恩格斯选集》(第4卷)，北京：人民出版社2012年版，第415页。

这种意识形态的自然组成部分。最终获得指引人类摆脱现实束缚的认识，并“理解一定社会形态下自由的精神生产”①。

第二，马克思在研究资本主义精神生产的过程中，揭示出资本主义物质生产方式必然导致“人的精神异化”问题。虽然以资本为主导的社会创造了前所未有的巨大的生产力，给人类的物质生活带来了空前的变化，但随着人类被卷入资本主义物质生产的浪潮中，人的精神世界也被裹挟至资本的运转逻辑之中，人也被商品拜物教所奴役，丧失了其自由全面发展的基础，沦为“单向度的人”。但是，马克思在分析资本、商品、剩余价值问题的过程中，也指明了一条基于彻底推翻资本主义私有制，消灭雇佣劳动，实现共产主义革命，借以实现自由的劳动以及自由的个人，并最终实现人的解放和人的精神解放的道路。由此可见，精神生产必然在人类从“必然王国”向“自由王国”，从“单向度的人”“异化的人”走向“全面发展的人”“自由的人”之路上发挥举足轻重的作用。

第二节 思想政治教育概念演变

如无特殊说明，无论是在学界还是在社会中，“思想政治教育”这一名词多被用来指代中国化马克思主义的思想政治教育，即中国共产党的思想政治工作。但是，随着二十世纪八十年代思想政治教育学科的设立，理论界对作为一门科学的“思想政治教育”加快了研究的脚步，对于作为一门科学研究的思想政治教育有了更深的理解。同时，多角度多层次的研究也造成了学界对思想政治教育的说明各执己见，既有共识也有争论。那么，马克思的精神生产理论与我们当下所使用的思想政治教育概念有什么

① 《马克思恩格斯全集》(第 26 卷)，北京：人民出版社 1972 年版，第 296 页。

样的关系呢？各种社会形态中各个群体所从事的实际的思想政治工作是否属于精神生产的一种呢？这就是本节要着重解决的问题。

一、共识与争鸣：思想政治教育探索历程

回顾自 1984 年学科建立后的一段时间，由于思想政治教育作为一门新兴学科需要做的实际建设工作诸多繁杂，在建设初期学界对其基础理论的研究仍处于摸索阶段，还很不成熟，思想政治教育概念的内涵与外延到底是什么的问题曾数次激起学界热议的浪潮。按照“思想政治教育学”是一门科学的命题推理，其所研究的对象——思想政治教育，就应当是一种客观存在于人类历史发展过程中的社会现象。但是，这种“推理”是否成立也曾是学界讨论的一个热点。如今学科经过三十多年的发展，基础理论研究的进一步深入，研究成果可谓是硕果累累，这些都使我们对最初提出的问题有了更全面、更深刻的认识，反观学界最初曾将“思想政治教育”用作特指中国共产党思想政治工作的专属概念，就显得有进一步商榷的必要。由此可见，梳理学界对思想政治教育概念的已有理解，并结合理论新发展对其加以评述，这对于推进对思想政治教育的科学理解具有重要性，对于我们确认组成这一专有名词的三个词语——“思想”“政治”“教育”，以及它们所构成的思想政治教育所具有的一般本质进行更深入的研究也同样具有重要意义。

“思想政治教育”这种提法，来自 1984 年教育部根据中共中央关于培养从事政治工作专门人才的指示，在高等学校增设相应专业时使用的专业名称。随着独立学科的建立，实践的发展也将思想政治教育学的理论研究推向深入。学者们在三十余年的学科研究中对于思想政治教育概念的认识由表象深入本质，提出了多种解释。

第一种认识：思想政治教育指的就是社会生活中带有意识形态性的教育活动，这种教育活动在阶级社会中普遍存在。这种观点得到了学界的普

遍认同，被绝大多数开设思想政治教育专业的院校所使用的21世纪教材《思想政治教育学原理》就持这种观点，其中“思想政治教育”被规定为“社会或社会群体用一定的思想观念、政治观点、道德规范，对其成员施加有目的、有计划、有组织的影响，使他们形成符合一定社会所要求的思想品德的社会实践活动”。教材中特别对思想政治教育存在的客观性进行了说明，“思想政治教育是普遍存在于阶级社会中的。”①

第二种认识：思想政治教育泛指政治范畴中的思想活动，并将思想教育、道德教育、心理教育都容纳到思想政治教育的范畴。罗洪铁持此种观点并对其加以详细的阐释。② 陈秉公也赞同这种观点，并且重点强调了“政治思想教育”所占据的核心地位，把思想教育、道德教育和心理教育作为一个综合体都囊括于其中。③ 持此种观点的学者在学界中占据着主要地位。但是，也有部分学者对“心理教育”是否“应当”被包括在其中提出了异议，如果实际的思想政治工作确实需要关注教育对象的心理状态，那么需要借鉴的是心理工作的方法，如果引入心理教育，是否会消解思想政治工作的“政治性”问题都是学界争论的焦点。

第三种认识：如果没有特殊说明，通常我们所说的思想政治教育是指中国化马克思主义语境下的思想政治教育，即指中国共产党的思想政治工作，是用马克思主义基本理论、发展着的马克思主义进行的意识形态的教育，包括“党内教育”和“党外宣传”两部分。④ 中国共产党的思想政治工作代表着无产阶级的“思想政治教育”。学界对于中国共产党思想政治

① 陈万柏、张耀灿主编：《思想政治教育学原理（2版）》，北京：高等教育出版社2007年版，第2页。

② 罗洪铁、董娅编：《思想政治教育原理与方法基础理论研究》，北京：人民出版社2005年版，第8页。

③ 陈秉公：《思想政治教育学原理》，沈阳：辽宁人民出版社2001年版，第3页。

④ 赵洁：《精神生产视阈下党的自我教育的历史进路及启示》，载《广西社会科学》，2016年第10期。

工作的定位来自于《江泽民文选》，“党的思想政治工作，是经济工作和其他一切工作的生命线”①。这也是学界公认“思想政治工作是党的一切工作的生命线”的由来。

第四种认识：“交流互动说”中的思想政治教育概念。李海峰认为现代思想政治教育的定义中必须要重新认识“交往实践”的作用，因此，将思想政治教育定义为“一定的阶级、社会、组织、群体与其成员通过多种方式开展思想、情感的交流互动，”并强调真正的思想政治教育要实现在交往实践中“人”的生成。② 这种“交流互动说”着重彰显的是人在思想政治教育中的价值维度，这种观点出现在学界将“马克思主义人学”观点引入到思想政治教育的研究之后。

第五种认识，在思想政治教育实践的范畴中，尤其是针对大学生思想政治教育的主渠道——思想政治理论课的建设，有学者提出“大思政”的概念。这种“大思政”的提法受到党的十八大报告提出“如何加强和改进思想政治教育工作，思想政治教育如何注重人文关怀和心理疏导”③ 的影响，倡导高校思想政治理论课向构建“大思政”的方向转型，这就意味着思想政治教育由传统以思想道德修养和政治教育为主，转向包含通识教育在内的大思政格局。④ 但是，这种对思想政治教育是否能够等同于通识教育（liberal education，也译为“博雅教育”），或者二者是否有包含关系的讨论进一步引出了对公民教育（citizenship education）与思想政治教育关系的热议，并且发酵出一场对于思想政治教育与西方诸多教育形态、教育方

---

① 《江泽民文选》(第 3 卷)，北京：人民出版社 2006 年版，第 74 页。

② 李海峰：《论思想政治教育概念内涵的发展》，载《求实》，2012 年第 12 期。

③ 转引自储德峰：《高校“大思政”教育模式的特征及理念》，载《中国高等教育》，2012 年第 20 期。

④ 江海：《从通识教育看思政教育的“大思政”转型》，载《南京工程学院学报（社会科学版）》，2013 年第 4 期。

式、教育方法异同的大讨论。① 这场大讨论一直延伸到对“隐性思想政治教育”到底是隐藏其“形式”还是隐藏其“性质”的争论，那么我们又应该怎样借鉴西方的教育方法，使其能为我所用的问题。

由此可见，思想政治教育学科三十多年的发展使学界的理论研究焕发出勃勃生机，培育出一种百花齐放、百家争鸣的良好学术生态环境，学界能够及时对实践提出的问题做出反应。同时，面对争论，也需要我们反思争议的核心问题，并给予解答。

二、一般与特殊：思想政治教育概念探赜

1886 年恩格斯在《资本论》英文版序言中写道：“一门科学提出的每一种新见解都包含着这门科学的术语的革命。”② “术语革命”和“概念澄清”对于学术研究都具有重要意义。但是，“术语革命”和“概念澄清”并非纯粹意识的产物，而是运用科学的思维方法对现实进行概括和理论抽象的产物。梳理学界三十多年来对“思想政治教育”这一名称的内涵所做的研究可以看出，学界对“思想政治教育”概念的理解伴随着思想政治工作的实践过程而不断加深。实践的拓展和经验的积累为理论的研究提供了丰富的素材，新的实践也会推动理论界对已有研究进行再思考。

当然，学界对思想政治教育的认识远不止文中列出的五种，为研究的方便，本书仅选取五种最具有代表性和占据学术界主流地位的观点。针对以上五种认识，有学者指出第一种认识和第二种认识的片面之处在于将思想政治教育定义为一种主客二分的教育活动，使思想政治教育的过程丧失

① 武东生：《“思想政治教育”与“公民教育”关系辨析》，载《思想政治教育研究》，2013 年第 4 期。

② 《马克思恩格斯文集》（第 5 卷），北京：人民出版社 2009 年版，第 32 页。

了对人的主体性的关注。① 还有的学者认为这两种认识体现的是思想政治教育研究中“社会需要论”的传统方法论模式，但也存在着仅把思想政治教育作为构成社会大系统的部分，而无法深入其内部对已有的“事实存在”和应当的“价值存在”做出解释的问题，所以提出思想政治教育应进行“人学范式”的转换。②

第三种对中国化马克思主义语境下思想政治教育的认识，多与中国共产党的宣传工作、思想工作以及党的建设有较多的交叉面。但是，面对“国外思想政治教育”“中国古代思想政治教育”取得的丰硕研究成果，“思想政治教育”这一提法也不再被用作特指中国共产党思想政治工作的专属概念，学界在使用此概念时已经形成了一种自觉进行厘清与说明的习惯。

第四种认识和第五种认识可以说都是在强调思想政治教育教育对象的前提下，在对传统思想政治教育“主客体之说”进行批判和发展的基础上，提出以突出“人的主体地位”为主要立意，对思想政治教育概念的解释。第五种认识主要是在党的十八大提出加强和改进思想政治教育工作应注重人文关怀和心理疏导的命题背景下提出，这种认识的对象主要针对高校思想政治理论课和思想政治工作，然而这种提法激起学界对通识教育与思想政治理论课之间关系的讨论，肯定无疑的一点是，学界反对将思想政治理论课纳入通识教育的范畴，并明确指出这种做法会导致的严重后果，即思想政治理论课通识化将造成思想政治理论课特殊作用的模糊化。③

总的来说，单就思想政治教育这一概念在当前学界使用的情况，可以对这一名词做出四种理解，一是指在实际生产生活中开展的“思想政治工

① 闫艳：《概念的追问及反思：思想政治教育创新的前提》，载《教育导刊》，2014 年第 12 期。

② 褚凤英：《思想政治教育活动研究》，北京：人民出版社 2011 年版，第 4—5 页。

③ 石书臣：《高校思政理论课与通识教育课程的关系探讨》，载《中国高等教育》，2011 年第 5 期。

作”；二是作为一门学科的思想政治教育；三是指高校中设立的“思想政治教育专业”；四是指作为“思想政治教育学”的研究对象，也正是思想政治教育作为“一门科学”的研究对象，必然是客观存在于人类发展历史中的一种社会现象。学界中多数的研究还是集中于解决实际“工作”面临亟需解决的问题，或者是为学科建设、教学工作的开展出谋划策，这些研究固然是重要的，也具有重大的实践价值。但是，相比之下，作为“一门科学”研究对象的思想政治教育，所受到的关注和进行研究的成果就十分有限。相较于思想政治教育在各种社会形态中，在不同意识形态主导的国家中所表现出来的“特殊”方式，作为学科研究对象的思想政治教育“一般”性质、规律、特点、作用机制等问题就更具有研究的价值和意义。

总而言之，从以上种种分析可以看出，无论是对思想政治教育概念的内涵分析，还是在实践推动下，对思想政治教育内涵和外延不断拓展的分析，学界对思想政治教育概念的研究历程既反映出学科的发展和思想政治工作的实践状况，也反映出思想政治工作在充分考虑具体时代背景与社会环境的同时，也出现了一定的问题，甚至为追求教育效果的实现一味迎合教育对象而发生了一定的偏离。剥离具体的因素，究其本质，发生这种偏离的根本原因恰恰在于，这个过程忽略了对思想政治教育来说最为重要的规定，那就是作为马克思主义创始人的马克思为思想政治教育所确立的基本原则。丧失了对基本原则的理解，没有对思想政治教育本质和规律最为根本的把握，所谓的“创新”虽然表面看起来一片繁华，但实际上却陷入疲于盲目追求变换具体教学方法的形式，或者纠结于如何应对教育效果式微的迷茫状态。

解决问题的办法就在于，回到马克思主义那里，以最贴近马克思本意的研究方法澄清马克思所进行的关于思想政治教育现象、问题的“一般性”思考。正是在这种背景下，马克思的“精神生产”进入了学界研究的视野。张耀灿曾提出，不同社会形态下各式各样的思想政治教育具有一种共有本质，那就是对于优化人的生存发展方式来说，不可或缺的一种精神生产、精神生活。① 由此可见，思想政治教育学者已经认识到，精神生产作为多种形态的思想政治教育所共有的一般本质，其本身能够为揭示在不同社会形态、不同社会制度下思想政治教育的本质和规律提供一个新的视角和切入点。

第三节　精神生产：考察思想政治教育的独特视角

由思想政治教育是人类“精神生产”和“精神生活”重要组成部分可以得知，如果将其作为一门科学所考察和研究的人类社会现象，那么，根据唯物史观世界观与方法论相统一的原则，必然可以将精神生产作为考察人类精神生活的一种方法，对“政治”如何影响人的思想、观念、意识的生产过程进行研究，并进一步考察这种生产的结果——思想政治教育的内部机制，挖掘出支配其形成、发展、变化的根本原因。

马克思不仅在用“物质生产”的概念分析资本主义社会经济发展过程时，用“精神生产”的方法详尽地分析了人类精神生活领域的种种问题，而且还从哲学的高度运用精神生产的方法在一般的层面上剖析了思想政治教育的诸多问题。

马克思用精神生产的方法为分析思想政治教育这种社会历史现象确立了最基本的原则，如“从物质实践出发来解释观念的东西”，“从物质生活的矛盾中，从社会生产力和生产关系之间的现存冲突中去解释观念的问题”等等。马克思清楚地在理论的层面上揭示了各种思想、观念、意识产生的原因、过程和规律，在革命实践经验积累的基础上，清晰地呈现了人的“思想社会关系”是怎样在物质生产中形成的，又明确指出要彻底打破

① 张耀灿：《思想政治教育学科专业创建30年的回顾和展望》，载《思想理论教育》，2014年第1期。

阶级社会中束缚人的“思想社会关系”的桎梏，就必须在现实的革命中，彻底推翻人的现实的“物质社会关系”。因此，可以说，马克思运用精神生产方法研究思想政治教育问题，既坚持了从唯物史观的立场出发考察人类的生产与生活，又从人类社会发展每一种具体形态中具体的物质生产方式出发，说明思想政治教育现象的产生与发展，而且更加详细地剖析了其中涉及的诸多关键性要素。

因此，相较于目前学界的研究成果，“精神生产”可以称得上是一个研究思想政治教育现象的独特视角，它“独特”但并不“片面”，它能够从唯物史观的立场上揭示思想政治教育的全貌。说明思想政治教育不仅指称一种具体的工作，更是一种凝结在人类文明社会发展各个阶段中的客观社会历史现象，在不同的历史时期和社会条件下，思想政治教育以不同的形态得以呈现，并且积极发挥着对上层建筑及其经济基础形成、变化和发展的保障作用。

综上所述，“精神生产”这一概念是理解本书的关键，本章作为全文的开篇，在逻辑上应该在精神生产视角下澄清马克思思想政治教育理论相关概念。为达到此目的，首先对马克思的精神生产视角加以解释就成为了一种必要。“生产”和“精神生产”两个重要概念是阐释“精神生产视角”的关键，笔者主张跳脱出纯粹从经济学意义上理解“生产”的窠臼，转而从唯物史观的高度理解“生产”的概念，将“生产”作为人类社会全面生产的一维，指向的是人类社会整体的生产和再生产。再者，从存在论的意义上理解，马克思的“生产”关切的根本在于人的感性生命活动。在此前提下，理解马克思的“精神生产”概念，“精神生产”既是人对其生产生活实践的反映，也是一种思想、观念、意识的生产及再生产活动。

马克思将精神生产作为一种方法来分析人类精神生活领域的活动，特别是在人类进入阶级社会之后，人类社会随着物质生产发展的不同水平进入到不同的发展阶段，物质生产的变化直接决定人类精神生产的变化，人类的精神生活从一种“直观的反映”，转变为统治阶级“有意识地生产”

某种有利于维护思想统治的精神产品，同时被统治阶级“消费”，这就是阶级社会中的思想政治教育现象。马克思正是从人类物质生产实践出发，深入到不同生产方式之下人与人之间所结成的不同思想社会关系之中，用精神生产方法分析不同形态的思想政治教育问题。也正是在这个意义上，可以证明马克思运用精神生产方法分析思想政治教育具有合理性和解释力。马克思运用精神生产的方法分析思想政治教育，转变了传统“本体论”强调主客二分的思维方式，而是以纵贯的方式将“生产、分配、交换、消费”等环节贯通起来，而且更加遥契于精神生产作为人类精神发展的本真意蕴，更强调思想政治教育现象存在的客观性、历史性。

那么，马克思是如何发现了思想政治教育现象呢？又是如何一步步地从思想政治教育“现象”深入到思想政治教育“本质”，进而发现了思想政治教育的“作用机制”？马克思在思想发展的不同阶段对于思想政治教育的认识是伴随着对精神生产问题的认识而变化的，由于马克思在每一个阶段的实践经历经验不同，他对于思想政治教育问题的认识也不同。以马克思语境中思想政治教育的概念为前提，接下来的章节就将以马克思唯物史观的创立历程为脉络，开启对马克思思想政治教育理论不同发展阶段的阐释。

第二章　1843—1844 年：马克思思想政治教育理论萌芽期

任何科学理论体系都必然经历萌发、创立、发展、成熟的过程，马克思思想政治教育理论的建立也不例外。从一般的意义上说，马克思思想政治教育理论的创立和发展，在逻辑上与马克思创立历史唯物主义的过程一致。

1843 年到 1844 年，马克思的思想政治教育理论伴随着唯物史观的创立产生萌芽。这一时期，马克思首次站在无产阶级的立场上，尝试运用精神生产的方法分析思想政治教育现象。马克思在这一阶段撰写的代表作有《黑格尔法哲学批判》《黑格尔法哲学批判〈导言〉》（以下简称《导言》）、《1844 年经济学哲学手稿》（以下简称《手稿》），以及马克思恩格斯两人共同撰写的著作《神圣家族》。

以思辨见长的哲学民族同样造就了擅长在头脑中构筑宏伟思想殿堂的德国哲学家。相比之下，马克思是个“异类”，马克思思想体系的创建过程与同时代思想家“在头脑中”构筑思想大厦有本质的不同。马克思的思想体系建立在“实践”之上而非“空想”之中。马克思思想的“实践”根基既建立在个人生活工作的直接经验之上，同时也建立在通过实际参与工人运动，掌握社会底层无产阶级真实生活状况第一手材料的积累之上。

1841 年 4 月到 1844 年底，正是在这短暂的三年时间中，青年马克思的学习、工作、生活发生了巨大的变化。总的来说，这种变化表现为两大转变：第一，身份的转变。青年马克思结束校园生活走向社会，从一位学生转变为一位“社会人”。在这期间，马克思走出象牙塔，经历了放弃学术志向，不得不向现实妥协的挫折；第二，实现理想方式的转变。青年马克思经历了“理想”与“现实”的碰撞，最终选择了从“构筑理想”转向“实践理想”。马克思在《莱茵报》的编辑工作遭遇普鲁士政府设置的种种阻碍，导致他最终不得不选择退出《莱茵报》，再次选择“学术研究”作为实现自身志向的路径。青年时期的经历为马克思一生的学术研究渲染了一种根基于社会现实与实践的底色。

三年之间，马克思生活的地域也从自己的祖国德国变为异国他乡。生活环境的转变使马克思有机会在巴黎接触真实的工人运动，了解工人生存的真实状况。马克思和夫人燕妮亲自到底层工人的家中访问，第一次对工人生存状况之严酷感到惊愕，并且发现“工人的贫困不是个别的现象，而是普遍的现象”①，对工人阶级真实生活状况的调查深深地震撼了马克思。在此过程中，马克思的思想发生了剧烈的转变，马克思将研究的目光从大学时代专注的哲学和政治领域转移到探究造成社会底层人民困苦生活的真实原因，进而在学术上彻底转向对物质利益和政治经济学问题的研究。

正是在马克思思想发生转向的背景下，马克思是把“精神生产”这种“理论”当作一种在社会化大生产或工业生产社会化条件下，理解人的精神、思想、观念是怎样产生，又是因着什么样因素发生变化，解释“精神与物质”“理论与实践”关系的方法提出来。正是在这种意义下，马克思使用“精神生产”这种研究方法，分析思想政治教育这种普遍存在的社会历史现象，提出了不同于以往哲学家的思想政治教育理论。

---

① 《马克思恩格斯全集》(第1卷)，北京：人民出版社1956年版，第472页。

第一节 马克思思想政治教育理论萌芽的背景

马克思之所以会产生关于思想政治教育的思想，与他身处的社会环境和继承前人的精神遗产息息相关。马克思思想政治教育理论萌发的十九世纪四十年代，可谓是欧洲一个动荡的大变革时代，当时欧洲几个主要资本主义国家正处于资产阶级革命与无产阶级革命交错并存的时代。尤其是马克思的祖国——德国，当时正处于普鲁士政府的统治之下，在英法工业革命取得大发展、资本主义生产方式已取得统治地位、资产阶级已经取得国家政权的时候，德国的社会经济发展状况仍然相当落后，封建贵族依然实行专制统治，整个德国处于一种急需要打破令人窒息的封建专制与经济压迫的氛围中。正是在这样的社会背景下，马克思一方面与各种错误社会思潮展开激烈的论战，急于从理论的层面为德国寻找一条出路；另一方面，马克思吸收了费尔巴哈哲学思想中的合理因素，汲取了黑格尔“辩证法”的精华，祛除了黑格尔思想的糟粕，为之后正式创立唯物史观、系统地提出关于思想政治教育的理论奠定了基础。

一、马克思思想政治教育理论萌芽的社会背景

十九世纪三四十年代，英法两国在经济上早已在全国范围内全面建立了资本主义生产方式并使之成为国家经济中占据着统治地位的生产方式，伴随生产方式的变化，英法资产阶级在政治上已经通过资产阶级革命取得了国家政权。与此同时，资本主义大工业的发展与资本主义私有制之间不可调和的矛盾，最终导致资产阶级与无产阶级之间的矛盾在英法两国以工人运动的形式爆发出来。1831 年和 1834 年法国爆发了里昂工人起义，

1836年英国工人掀起以争取实现人民宪章为目的的工人运动，英法两国的工人最先凝结成为一个阶级，以工人运动为标志，作为独立的政治力量登上历史舞台。

同一时期，虽然德国资本主义经济发展开始起步，但与英法两国相比，德国社会经济发展的整体状况相当落后。在1848年以前，封建土地所有制在德国广大的农村地区仍然占据着统治地位，德国虽然从名义上废除了农奴制，但实际上封建领主仍然掌握许多特权，沦为农奴的人毫无自由可言。德国城市的状况与乡村地区一样令人堪忧，手工业和家庭工业仍然占据城市经济的主导地位，中世纪残留的行会制度严重束缚了生产力的发展。在种种条件的限制之下，德国现代大工业由于缺乏原材料、市场和充足的自由劳动力，发展相当迟缓。

正是在社会经济发展较为迟缓的情况之下，当时德国上层建筑的状况也变得异常复杂。一方面，当英法的资本主义制度已经开始遭受空想社会主义者尖锐的批判时，德国在建立资产阶级政权的道路上还如同婴孩一般。马克思面对此情此景，激愤地写到“在法国和英国行将完结的事物，在德国才刚刚开始。这些国家在理论上反对的、而且依旧当做锁链来忍受的陈旧的腐朽的制度，在德国却被当作美好未来的初升朝霞而受到欢迎”①。另一方面，虽然德国思想界充斥着各种声音，各派观点针锋相对，但这种种批判始终都局限于哲学的领域，丝毫未触及德国的现实，将自己的哲学观点吹捧为真理的“哲学家们”，却没有一个人提出，甚至都未曾想要提出德国哲学和德国现实之间有什么样联系的问题，更不要说是反思他们所作的批判与他们自身的物质环境之间存在什么联系的问题。很显然，马克思对德国当时的情况十分不满。于是，马克思试图从理论上为德国的未来指出一条可行的道路。

可惜，当时统治德国的普鲁士政府仍旧为维持旧统治做垂死挣扎，当局对新闻报刊的督查监管愈加严格，新思想的宣传遭到当局严厉的压制，

① 《马克思恩格斯选集》（第1卷），北京：人民出版社2012年版，第6页。

革命思想和社会主义思想的传播异常困难。直到十九世纪三十年代，“社会主义的思想”才对德国的部分知识分子产生明显影响。需要加以说明的是，这时的“社会主义的思想”并非是马克思的科学社会主义思想，而是后来被马克思称之为“真正社会主义”并加以批判的学说。但是，到了 1843 年初，“共产主义”在德国已经成为一种广为流传的口号，以至于大部分人无法区分“社会主义”和“共产主义”两个词语之间到底有什么差异。随着时间的推移，德国的民众愈加倾向于将“共产主义”认作是一种更富于战斗性，更加革命而较少乌托邦幻想的“社会主义”。几乎在同时，自 1831 年黑格尔逝世之后，青年黑格尔派内部也产生了诸多纷争，这些争论已经突破了宗教和哲学的局限，更加紧密地和现实的政治发生了联系。这些都表明，当时的德国社会对一种科学的、能够从实践上指导德国革命的理论产生了急迫的需求。

二、马克思思想政治教育理论萌芽的思想背景

马克思宏伟庞大的思想宫殿并非一日建成，相反，马克思之所以会形成对社会问题深刻的思考与认识，以至于后来自觉站在无产阶级的立场上思考社会现实，并在实际的国际工人运动中具体实践自己的思想，号召全世界无产者联合起来，推翻资产阶级社会，彻底消灭私有制，实现共产主义社会，其中原因可以从三方面一窥究竟：一是马克思个人思想受到少年时期成长环境和所接受教育的影响，经历了一个快速转变和发展的历程；二是马克思继承了德意志民族善于思辨的传统天赋，无论在学生时代，还是在走入社会之后，马克思既能以批判的眼光审度社会各种思潮，又能够迅速吸收他人思想中合理的因素为我所用；三是当时主要的社会思潮和在德国占据主要地位的哲学家思想，充当了孕育马克思思想萌发的土壤。

第一，马克思受家庭环境和学校教育的双重影响，少年时就养成了对国家命运和民族发展的关切感，习惯对政治和社会事件进行细致地分析观

察，这种勤于思考和关心政治的习惯影响了马克思的一生，也成为促使马克思思想政治教育理论萌发的催化剂。马克思于1818年出生于德国普鲁士邦莱茵省特利尔城，12岁时就进入特利尔高级中学开始学习生涯。就在这时，法国爆发了推翻波旁王朝的七月革命，德国境内多处爆发了反对封建专制统治的人民起义。接下来的几年是欧洲大陆动荡不安的开始，1831年和1834年，法国里昂爆发工人起义，1836年英国爆发宪章运动，标志着工人阶级已经作为独立政治力量登上历史舞台。欧洲大陆上爆发的这几场反封建起义和工人阶级起义，好像将德国社会沉闷压抑的气氛撕开了一道裂口。轰轰烈烈、振奋人心的起义同样震撼了少年马克思，促使马克思快速成长，很快褪去了学生的青涩，开始以一位德国公民的视角去思考眼前发生的一切。马克思1835年从特利尔高级中学毕业时，写作了一篇名为《青年在选择职业时的考虑》的作文，其中就透露出马克思对人选择职业的原则，人生理想与人生价值等问题的独特见解。

第二，马克思走向社会之后，社会实践的经历与经验为他从事理论研究提供了坚实的实践基础。大学学习期间，虽然马克思在波恩大学时身处法律系，但在转入柏林大学之后，马克思将更多的精力投入到哲学和历史领域的研究。1841年4月中旬，马克思告别了大学时代，走向社会的大舞台。在大学期间对多学科知识的广泛涉猎和对哲学历史问题的深入思考为马克思在之后的工作中思考解决现实难题奠定了良好的理论基础。1842年马克思进入《莱茵报》做编辑工作，接连遇到一系列直接与社会底层人民物质利益相关的问题，例如书报检查、出版自由问题、关于林木盗窃法的辩论和摩泽尔河沿岸农民的贫困状况等问题。棘手的现实问题逼迫马克思开始尝试用费尔巴哈“结合具体情况来阐明理论”的原则分析现实的问题。自此之后，马克思的研究兴趣由抽象的哲学、历史问题转向了现实中的社会经济问题。1843年马克思退出《莱茵报》编辑部之后与夫人燕妮移居法国巴黎，并设法与德法两国工人组织取得联系，他们直接到工人家中调查访问搜集资料，并且亲自参与工人运动，这为马克思后来分析无产阶级的现状与未来发展，以及揭露资本主义社会对人的压迫与剥削积累了丰富的一手资料。可以说，1843 年 10 月至 1845 年 1 月，马克思从社会退回书房，在旅居巴黎期间积极整理了在《莱茵报》工作时遇到的问题及当时的思考，为之后创立唯物史观进而提出思想政治教育理论做好了准备。

第三，在这一时期，马克思与青年黑格尔派首次发生的分歧也是影响马克思思想发生变化的直接因素之一。马克思曾在《德意志意识形态》的"费尔巴哈"章用比喻和虚写的手法对 1842 到 1845 年间沸沸扬扬的德国思想界加以精彩描绘，德国思想领域的变化正预示着黑格尔哲学以及黑格尔学派的分裂、解体。1842 年夏，青年黑格尔派中的一部分成员要求在柏林成立"自由人"小组，"自由人"小组的政治倾向变得越来越激进，以至于最后把《莱茵报》变成了一份以"观点激进"而闻名的报纸，这一点在 1842 年秋参与《莱茵报》编辑工作的马克思那里遭到了激烈的驳斥与反对。为表明反对青年黑格尔派激进倾向的立场，马克思刊登了海尔维格写给《莱茵报》的一篇严厉批评"自由人"的文章。马克思指责柏林"自由人"给《莱茵报》的投稿过于极端和抽象，他在给卢格的一封信中抱怨梅因等人寄给他的都是"一大堆毫无意义却自命能扭转乾坤的废料"，这些文章写得"极其草率，只是点缀上一点无神论和共产主义"①。在这之后，马克思和恩格斯与青年黑格尔派的分歧愈发严重，1843 年马克思写作《论犹太人问题》一文的目的就是批驳布鲁诺·鲍威尔论犹太人问题的两篇文章，这标志着马克思和恩格斯同青年黑格尔派论战大幕的拉开。继而在 1843 年 10 月，针对集中表达青年黑格尔派思想和观点的《文学总汇报》，马克思和恩格斯合作撰写了《神圣家族》，希望通过批判的方式彻底剥离他们的"新哲学"与青年黑格尔派之间的关系。

在柏林的青年黑格尔派一方面受到布鲁诺·鲍威尔的影响，另一方面迫于普鲁士政府的压制，表现出与政治运动相脱离的倾向，但是青年黑格尔派中卢格领导的另一派坚决反对这种倾向，他们以邀请马克思共同创办

---

① 《马克思恩格斯全集》(第 27 卷)，北京：人民出版社 1972 年版，第43 页。

《德法年鉴》的方式，公开出版政治刊物以进行更有效的政治斗争。选择以“德法年鉴”为刊名也颇有深意，马克思希望借此将德国先进的哲学理念与法国的政治斗争精神结合，为冲破黑暗的现实发出声音。1844 年 2 月，马克思和卢格共同创办的《德法年鉴》出版了第 1—2 期合刊号，合刊号发表了马克思给卢格的三封信，以及《论犹太人问题》《黑格尔法哲学批判〈导言〉》两篇文章，这些文章的发表对于马克思来说具有重要的意义，表明他从唯心主义向唯物主义、从革命民主主义向科学社会主义转变。不久，《德法年鉴》停刊，马克思利用在巴黎的便利条件，更为详尽地研究了法国革命的历史，以及英法两国的空想社会主义理论。同时，马克思还将大部分精力投入到政治经济学的研究中去，特别是研究资产阶级古典政治经济学。这为马克思后来从物质生产方式的角度去分析资本主义社会现状奠定了基础。

第四，马克思思想的重大转向深受德国古典哲学和资产阶级国民经济学家的影响。青年马克思在费尔巴哈的影响下，渐渐用自我批判与自我反思的方式离开了黑格尔，走向了唯物主义。1843 年马克思撰写了《黑格尔法哲学批判》，标志着马克思与黑格尔的决裂。总的来说，有三个因素促成了马克思对黑格尔哲学的反思，一是马克思面对底层工人悲惨的生活状况，痛苦地意识到自己在《莱茵报》工作期间所信奉的黑格尔唯心主义哲学的立场是错误的，能够改变工人生存状况的方式不是黑格尔“绝对精神”的运动，而是彻底摧毁造成工人悲惨生活的物质基础。二是马克思担任《莱茵报》编辑的经历，还有与海涅、赫斯等社会主义者共同对自由派政治学的论战，使得马克思能够从社会经济因素的角度对黑格尔展开批判。在马克思《莱茵报》工作期间撰写的文章中，这一思想转向表现得尤为明显。随着《莱茵报》被当局查封，马克思对黑格尔“绝对精神”表现出彻底的失望。三是费尔巴哈《关于改革哲学的临时纲要》的及时出现解决了马克思的思想困惑，促使马克思去寻找隐藏在精神、理念背后的神秘因素。费尔巴哈观察到黑格尔哲学作为神学的最后一道理性壁垒，是神学没有被彻底摧毁的原因。费尔巴哈在此对“思维”和“存在”之间关系的新认识对马克思产生了重要的影响，他强调，“存在是主词，思维是宾词。思维源于存在，存在并不源于思维”①。马克思借鉴了费尔巴哈颠倒黑格尔哲学的方法，彻底否定了黑格尔“政治国家决定市民社会”的观点，得出“市民社会决定政治国家”的结论。

但是，对黑格尔哲学的批判只是马克思深入研究的第一步。虽然离开了黑格尔，马克思开始走向唯物主义，但正是通过对政治经济学的研究才搭建了帮助马克思真正创立历史唯物主义的桥梁。由于资本主义科技革命的迅猛发展，特别是社会化大生产发展的需要，马克思在巴黎第一次比较系统地研究了资产阶级国民经济学家的理论。不过，马克思并不满意资产阶级国民经济学家仅从“物”的角度研究精神生产，把精神生产局限于国民财富增长的原因和手段，马克思在批判国民经济学的同时，直接提出了自己对“精神生产”的理解。马克思清楚地看到了在现实的生产生活中，人的物质活动和精神活动统一于“生产”“劳动”和“实践”之中。从总体的角度看，马克思在这个时期形成的对“精神生产”“思想政治教育”的认识只是处在萌芽阶段，还带有明显的人本主义色彩，兼具历史唯物主义和人本主义的二重性。尽管如此，马克思在这一阶段已经迈出了思想转变的关键一步，他借由对政治经济学的研究开始走向了历史唯物主义。

第二节　马克思思想政治教育理论出场的前奏

马克思精神生产观点的提出为其思想政治教育理论的出场奏响了开幕曲。只有在精神生产的视角下，我们才能探察到马克思思想政治教育理论

① 〔德〕路德维希·费尔巴哈：《费尔巴哈哲学著作选集》（上），荣震华、李金山等译，北京：商务印书馆 1984 年版，第 115 页。

的萌芽。那么，马克思的精神生产理论是怎样形成的呢？毫无疑问，精神生产理论的创立过程与其唯物史观创立的步调是一致的，都经历了“离开黑格尔走向费尔巴哈，又超过费尔巴哈走向历史（和辩证）唯物主义”①的过程。马克思在批判与综合黑格尔和费尔巴哈哲学的基础之上，形成了对精神生产问题的初步认识。在本章主要关注的1843至1844年间，马克思开始接受费尔巴哈哲学的影响，并以其为思想武器对黑格尔唯心主义哲学展开批判。马克思在这一时期完成的《1844年经济学哲学手稿》（也称为《巴黎手稿》），以及与恩格斯合著的《神圣家族》中，显露出对精神生产问题的初步认识。

一、对“精神生产”外延的规定

马克思在《手稿》中对黑格尔神秘化和抽象化的“绝对精神”进行了批判，直接揭露出黑格尔“绝对精神”的本质，马克思指出，黑格尔主观臆造出的“绝对精神”是与人的本质相异化的“神”，这一点标志着马克思与黑格尔决裂的开端。这一点对于马克思“精神生产”理论的形成具有重要意义，与黑格尔的决裂促使马克思对人的“精神”“思想”“观念”相关问题的思考完全摆脱了黑格尔“绝对精神”的框架，从而以新的视角展开了全面的思考。

马克思在《手稿》中在谈到“私有财产和共产主义”的问题时，批判私有财产是被异化了的人的生命的物质和感性的表现，正是在私有财产的运动中，人实现了感性的、物质的自我，也生成了人的现实。在私有财产的运动中，宗教、家庭、国家，特别是法、道德、科学、艺术扮演着什么样的角色呢？马克思用“生产的一些特殊的方式”② 给出了解答。马克思在这里是相较于私有财产作为人的生命的物质和感性表现，来谈论宗教、

① 《列宁全集》（第55卷），北京：人民出版社1990年版，第293页。

② 《马克思恩格斯文集》（第1卷），北京：人民出版社2009年版，第186页。

法、道德、科学、艺术等生产的特殊性。但毫无疑问的是，在马克思所列出的这些“生产的特殊的方式”中，依照物质与精神的划分方法，“宗教”“法”“道德”“艺术”都属于精神生产的范畴，也是精神生产的一种特殊形式，这就勾勒出了马克思精神生产理论中“精神生产”这一概念指向的大致范畴。

对照中英文版的《1844 年经济学哲学手稿》，可以发现“法”对应的英文是“law”，“艺术”对应的是“art”①。那么，经由中英文选择用词的对比，很容易得知，马克思所说的“法”并非仅仅局限于我们今天所说的成为一种制度的“法律”，而是广义的“法”，其中包含了法的观念、法的精神，而马克思所说的“艺术”也并非限于为人类生产感官享受的艺术活动或创作的艺术作品，马克思这里的“艺术”包含“人文艺术”，也就是今天所说的“人文社会科学（liberal arts）”。由此可知，马克思精神生产理论中“精神生产”概念指向的大致范畴“宗教、法、道德、科学、艺术”与政治上层建筑和思想上层建筑的范畴是大致符合的。

二、对“精神生产”主体的规定

这一时期，马克思对精神生产的“主体”有两种理解。第一种理解体现在《手稿》中，虽然黑格尔从“绝对精神”出发对精神生产的理解在当时能够起到彰显人性、确认人的主体性生成的重要作用。但是马克思在《手稿》中批判黑格尔主要是从抽象的、绝对的、“理性的”角度对“精神生产”进行理解和阐释。马克思直接指明，黑格尔所说的“精神生产”是“绝对精神”的逻辑外化，是“绝对精神”在运动过程中派生和创造万物的活动。黑格尔把精神生产理解为主体内在精神的逻辑外化，或者说是精神生产主体内在本质力量对象化的活动。因此，在黑格尔那里，精神生

---

① Marx, *Economic and Philosophic Manuscripts of 1844*, translated by Martin Milligan, Progress Publishers, Moscow, 1959.

产的主体是“抽象的”，是摆脱了任何质的规定性的“绝对心灵”“绝对精神”，而绝对不是“现实的”“有形体的”、能够“站在稳定的地球上呼出和吸入一切自然力的人”。马克思批判黑格尔的哲学以“纯粹的思辨的思想”开始，以“超人的抽象精神”结束，自始至终，黑格尔都没有关注到现实中进行生产生活的活生生的人。

与黑格尔不同的是，马克思自从转到唯物主义的立场之后，反对将自然界作为自我意识的质，“自我意识才是属人的自然界、即人的眼睛等等的质”①。马克思决然不再把“抽象的精神”当作精神生产的“主体”，转而认为要用“自我意识的人”来代替“自我意识”。相比于费尔巴哈只强调人的自然属性，马克思更重视人所具有的“社会特质”。但是，这个时期的马克思对“人的社会本质”的理解还比较抽象，还停留在对费尔巴哈语境中的“类本质”进行拓展和延伸的层面。马克思认为，按照其本性和生存的需要，人必然是一种互相需要并且以群的方式生活的“类存在物”，人的繁衍和社会关系的扩展导致社会的形成，在社会关系结成的过程中人的自然本性增添了社会本质的内容。但马克思并不像费尔巴哈那样，只是把人当作“受动的存在物”，而是积极发掘人作为“能动存在物”的能动因素，最终得出结论，“劳动”和“实践”才是人的本质发展的基础。因此，在马克思那里，通过劳动和实践求得生存与发展的“现实的人”、“活生生的人”才是精神生产活动的主体。

继而在《神圣家族》中，马克思在针对布鲁诺·鲍威尔创办《文学总汇报》极力鼓吹以自我意识为基础的主观唯心主义并把改造社会的事业归结为批判的批判的大脑活动，认为纯粹的思想是社会进步的动力、敌视人民群众，称群众为“精神的敌人”，把群众说成是“非批判的”、是消极被动的“群氓”等观点进行批判的同时，马克思对“精神生产主体”的认识进一步加深，并提出了“工人才是精神生产的主体”的思想。

---

① 《马克思恩格斯文集》(第1卷)，北京：人民出版社2009年版，第161页。

首先，马克思认识到“思想”本身无法通过自身超出旧世界秩序圈定的范围，无论在何种情况下，“思想”能够超出的只是旧世界秩序的“思想范围”。“思想”本身根本不具备直接变为现实的能力，解决的办法只能是使“思想”借助于具有实践能力的“人”来实现自身，即“思想要得到实现，就要有使用实践力量的人”①。从精神生产的角度来看，这也就是说“精神”在一定的条件下能够转变为改造世界的物质力量，但这个过程需要“有实践力量的人”作为中介。

其次，马克思在《神圣家族》里从“雇佣劳动”中去寻找导致无产阶级恶劣生存条件原因的同时，也认为“雇佣劳动”导致不可避免的、无法掩饰的、绝对不可抗拒的贫困，将无产阶级逼迫到不仅在理论上意识到了这种损失，而且不得不愤怒地反对这种违反人性的现象。正是由于这一切，马克思认为“无产阶级能够而且必须自己解放自己”②。

最后，马克思更进一步分析了人对自身实践力量的使用直接与自身的利益密切相关。思想本身不可能超出一定社会制度的限制，而是局限于思想本身所处的物质条件范围之内，因为思想是现存社会关系、社会需要和利益的反映。马克思彻底批判了资产阶级国民经济学家“见物不见人”的错误思想，最终在《神圣家族》中确立了“人民群众是历史的创造者”的观点，正是“人，现实的、活生生的人”③创造了历史。由此可知，无产阶级人民群众才是社会主义精神生产的真正“主体”。

三、“精神生产”：私有财产条件下“人的本质的异化”

马克思在这个时期已经认识到了精神生产是社会全面生产中一个必要的部门，但是又把“精神生产的活动”视作“人的本质的异化”。

① 《马克思恩格斯文集》(第1卷)，北京：人民出版社2009年版，第320页。
② 《马克思恩格斯文集》(第1卷)，北京：人民出版社2009年版，第261页。
③ 《马克思恩格斯文集》(第1卷)，北京：人民出版社2009年版，第295页。

具体来说，马克思全面考察了黑格尔“人是自己的劳动的产物”的观点，并且将之与资产阶级政治经济学家“历史是生产的运动”观点联系起来，提出了整个人类历史不外乎是人通过人的劳动而生产出的过程，其中既包括“物质的生产”，也包括宗教、法、艺术等的“精神生产活动”。马克思特别强调宗教、法、艺术的生产是物质生产的一个特殊的部分，同样遵循着物质生产的规律。但是，马克思又指出在私有财产存在的条件下，现实的生产并非是人的真正的生产，私有财产和私有制使“人”在生产过程中丧失了“人的类本质”，最终导致人的物质生产和精神生产活动都发生了“异化”。据此推论，“道德”“宗教”“法”在私有制的条件下都是人的本质异化的存在方式。正是在这个意义上，马克思才得出了“精神生产的活动”在私有财产的条件下，是“人的本质的异化”的结论。

对“精神生产”是“人的本质的异化”的分析涉及一个更为基础的问题，即“劳动”究竟在其中发挥什么样的作用。马克思在《手稿》中直接指出，黑格尔唯一知道并承认的劳动是“抽象的精神的劳动”①。马克思批判以往的哲学轻视实践，不了解生产劳动在人类社会发展过程中的作用。马克思认为，社会生产实践是人类社会存在发展的基础。从劳动与人的关系来看，劳动不仅仅是生产物质财富、满足人的肉体需求的手段与工具，从根本上说，劳动是“人的活动在外化范围内的表现”②。

由此可见，劳动就是人的生命活动和存在方式，是人的本质力量的对象化。但是，马克思又指出，如果仅仅局限于精神领域来讨论消除主观主义和客观主义，唯灵主义和唯物主义之间对立的状态，永远达不到目的，只有将它们放置在社会状态中，通过改变它们作为对立面存在的根基，才能消除两者的对立。然后，马克思为解决理论对立的问题提出方案，“理论的对立本身的解决，只有通过实践方式，只有借助于人的实践力量，才

① 《马克思恩格斯文集》(第1卷)，北京：人民出版社2009年版，第205页。
② 《马克思恩格斯文集》(第1卷)，北京：人民出版社2009年版，第237页。

是可能的”①。因此，这种对立的解决是一个现实的生活的任务，正因为“哲学”把这仅仅看作理论的任务，所以“哲学”未能完成这个任务。在马克思看来，一部人类史，就是一部在社会实践基础之上自然与社会交织作用的历史。一方面，人类史是一部“自然的历史”，是自然成为人的过程；另一方面，人类史也是“历史的自然”，是人的本质力量对象化的过程。

马克思批判黑格尔只看到了劳动的“积极方面”，而没有看到劳动的“消极方面”。黑格尔对劳动的“社会意义”并没有清晰而完整的认识。马克思在批判黑格尔片面强调劳动积极方面的同时，着重分析了劳动的消极方面，即分析资本主义雇佣劳动条件下劳动的双重作用。马克思在《手稿》中表明了自己的观点，劳动的双重性就在于虽然劳动的确为处于统治阶级地位的富人生产出了“奇迹般的东西”，但是，它为工人生产出了什么呢？资本主义雇佣条件下的“劳动”留给工人的只有悲惨的“赤贫”。工人用劳动为富人建造了宫殿，但自己只能蜷缩在贫民窟中悲苦地生活。虽然劳动创造了“美”，但却使工人变得畸形，大工业条件下的劳动用机器代替了手工劳动，但是它也使劳动阶级产生了分裂“一部分人回到野蛮的劳动”，“另一部分工人变成机器”②。最终，这种劳动剥夺了工人任何的精神生产资料，他们无法进行精神生产的任何活动，只能变得“愚钝”和“痴呆”，“愚钝”和“痴呆”只会造成工人更加贫困，形成一种恶性循环。所以，在对私有财产更深入的分析中，马克思揭示了是“劳动”的双重性造成了“精神生产”是“人的本质的异化”的结果。

马克思在《手稿》中已经受到费尔巴哈“人本主义”理论的影响。马克思批判资产阶级经济学家狭隘地从“物”的角度理解精神生产，只看到了精神生产在促进国民财富增长和经济发展中发挥的巨大作用，故而造成了精神生产“敌视人”的致命错误。马克思在批判黑格尔抽象的劳动时已

---

① 《马克思恩格斯文集》(第 1 卷)，北京：人民出版社 2009 年版，第192 页。

② 《马克思恩格斯文集》(第 1 卷)，北京：人民出版社 2009 年版，第159 页。

经认识到劳动的双重性，他认为劳动确实是生产财富的有效途径，但同时统治阶级利用劳动对被统治阶级进行剥削，这无疑是劳动双重性的表现，忽视这一点，就容易造成仅仅将精神生产视为鼓舞和促进被统治阶级提高劳动效率、增加劳动强度以加速社会财富生产的手段，而刻意隐藏了“精神生产”被占有精神生产资料的统治阶级利用，以剥削和欺骗被统治阶级从而推广“阶级教育”的本质。

四、“精神生产”：最高层面上“人的真正的生产”

马克思在此阶段将“精神生产”归属于人的“有意识的生命活动”的一部分，并且将“精神生产”定位为人“真正的生产”。马克思在《手稿》中区分了物质生产和精神生产，具体地把人的生活区分为“肉体生活”和“精神生活”。马克思在说明人与动物的区别并不在于“肉体生活”，而在于“精神生活”的基础上，试图证明“精神生产”在最高的层面上，才是“人的真正的生产”，是人与动物的本质区别之一。具体来说，从肉体的满足上来说，人与动物一样，都需要依赖于无机自然界谋求生存。但是，人与动物最明显和最本质的区别在于以下两点：

第一，人是一种“对象性的存在”，而动物不是。“动物和自己的生命活动是直接同一的，动物不把自己同自己的生命活动区分开来，它就是自己的生命活动”。但是，马克思认为，人通过实践的方式创造对象世界，即改造无机界，人能够证明自己是“有意识的类存在物”①。这意味着动物没有“我”的概念，只有“人”才有“我”的概念，即一种“自我意识”。动物的生命活动就是它自身的全部，但人却能够将自身与他的生命活动区分开来，在维持自身生存活动之外，人能够构建一个“自我”。在某个时刻，人会选择牺牲生命以成就“自我”，其追求的就是“自我意识”所意识到的自我价值的实现。

① 《马克思恩格斯选集》(第1卷)，北京：人民出版社2012年版，第56页。

马克思认为，人在实践上和理论上都把“类”，包括“自身的类”以及“其他物的类”当作自己的对象。人不仅能将其他物的类当作自己的活动对象，同时也能将自己的活动“对象化”，人的活动便是他的对象，即“意识的对象”。从理论的维度说，人能把整个自然界作为自己意识的对象。从实践的维度来说，人首先能把整个自然界作为人的直接的生活资料，例如植物、动物、石头、空气和光等。其次，人还能够按照自己特定的目的对自然界进行改造，把它变成为人的生命活动服务的材料和工具，将其转变为人的生活与人的活动的一部分，从而使人对自然界的改造能够为实现人的目的服务。这里表现出了人与动物最直观的区别。

第二，人把自身当作“自由的存在物来对待”①。人进而又把自己同动物相区别，人把自己的生命活动变成自己意志和意识的对象。这样一种有意识的主体，不外乎是作为类的人，就是“类存在物”，也就是说，人是类存在物，所以才是有意识的存在物，是自由的存在物，因此唯有人可以突破人的本能而做出自由选择。马克思对“人的类特性”的最终结论就是，“一个种的全部特性、种的类特性就在于生命活动的性质，而自由的有意识的活动恰恰就是人的类特性。”② 马克思在这里吸收了黑格尔精神生产理论合理的部分，将劳动理解为人的类本质，把“自由的有意识的活动”理解为“人的类特性”，从而把人与动物的根本区别归结为是否从事“有意识的生命活动”。

从这样的意义上说，人是有“自觉意识”的类存在物，能够确证这一点的正是人能通过实践创造对象世界、改造无机自然界，即“人的生产活动”。社会物质资料的生产主要满足人们的“肉体生活”，社会的精神生产主要满足人的“精神生活”需求。诚然，动物也能生产，动物作巢，捕食繁衍后代。然而，动物的生产仅仅是为了满足自己生存及繁衍后代的需要。也就是说，动物是站在有限的、个别的立场上进行生产，

① 《马克思恩格斯选集》（第 1 卷），北京：人民出版社 2012 年版，第 55 页。

② 《马克思恩格斯选集》（第 1 卷），北京：人民出版社 2012 年版，第 56 页。

动物的生产直接受自然肉体欲望的支配。与此相反，人的生产要自由得多，人不仅生产自己所需的生活必需品，也生产个人不需要的东西，但却为“社会”所需的东西，即生产作为“类”的人所需的东西。也就是说，人能够站在类的普遍立场上进行自由的生产。因而，这样的生产生活才是人的类生活。

总的来说，马克思认为人与动物的区别不在于肉体，而在于“精神”。马克思指出，动物的活动是本能的、直接的、受动的，因而动物进行的为满足自己肉体需求或为繁衍后代而进行的生产是片面的。相比之下，人的活动是有意识的、自由的、主动的、全面的。“人甚至不受肉体需要的支配也进行生产，并且只有不受这种需要的支配时才进行真正的生产。”① 支持人摆脱肉体需要的支配而进行自由生产的动力就是人的“自由的”意识，这无疑隶属于人的精神生产的范畴。由此可见，马克思在这里将精神生产冠以“真正进行的生产”之名，它不仅是维持人类自身生存的手段，并且是人类获得全面发展的重要途径。对照于基本的物质生产活动，马克思将精神生产看作是更高层次的生产活动。

在最高的层面上，马克思认为精神生产是按照“美的规律”来构造的生产。在社会中生活，人不仅依靠体力劳动去改造外部自然界，还需要依靠智力去调节人与自然、人与社会、人与人之间的关系。人的智力需求，就决定了人的生存与发展必须要正确认识和探索外部世界的规律和属性。一方面，人根据客观事物的属性及其发展的“外在尺度”去服从和适应外部世界；另一方面，在认识和把握客观事物规律和属性的同时，人还需根据内在需求和“内在尺度”去调控和改造世界。通过对外部世界从实践到精神的把握，在现实社会的实践中，做到既懂得按照任何一个种的尺度来进行生产，又懂得怎样处处都把内在的尺度运用到对象上去，因此，“人也按照美的规律来构造”②，正是在这种意义上，马克思把精神生产理解为

① 《马克思恩格斯选集》（第1卷），北京：人民出版社2012年版，第57页。
② 《马克思恩格斯选集》（第1卷），北京：人民出版社2012年版，第57页。

“按照美的规律来建造”的生产，是人类生命活动的最高形式，正是“精神生产”的存在使得人的活动既符合真理性，又符合价值性，最终达到“真”“善”“美”的统一，“科学”与“价值”的统一。

第三节　精神生产视角下马克思思想政治教育理论的萌芽

基于对此阶段马克思精神生产思想的阐述，我们很容易觉察到，此阶段马克思还只是从英法的革命实践中，以一种“理论直觉”的方式意识到有一种具有强烈政治性的工作对于推动革命实践发挥着重要作用。这种“政治性的工作”正是通过对人的思想、观念产生影响的方式来发挥自身的作用，它能够“激起瞬间革命热情”，能够激起人民群众反抗剥削压迫的斗争。但是，此阶段的马克思还没有以一种“理论自觉”的方式去理性思考思想政治教育产生的原因，发挥作用的机制等等问题，这些问题的深入要随着唯物史观的确立才得以展开。

一、革命对思想政治教育的需求：发挥先进理论的革命性

在精神生产的视角下，从精神生产的外延可以判断“法、道德、艺术”所隶属和反映出的人的“精神”“思想”“观念”问题都是思想政治教育最为核心的问题。与之相关的“精神与物质”“理论与实践”的关系便成为了思想政治教育的基本问题。马克思在《导言》中阐述了“革命理论同革命实践相统一的思想”，这一思想暗示着思想政治教育应充当先进理论革命性的催化剂，也就是说，思想政治教育是先进理论实现其革命性的桥梁。

在《导言》中，马克思就德国当时的社会状况，为德国“解放”的现实道路问题苦苦思索。马克思在探讨如何“摧毁德国特有的障碍”时，首次讨论了“革命理论同革命实践相统一的思想”，从而主张要实行“彻底的德国革命”，因为马克思认识到德国“解放”面对的障碍是德国作为一个个体表现出来的“当代政治的普遍缺陷”，如果不去摧毁当代政治的普遍缺陷，也根本无法解决德国作为特殊个体所面对的障碍。“对德国来说，彻底的革命、全人类的解放，不是乌托邦式的梦想，确切地说，部分的纯政治的革命，毫不触犯大厦支柱的革命，才是乌托邦式的梦想。”① 这里“彻底的德国革命”不同于英法的资产阶级革命，马克思认为德国不能再将在英法那里遭遇强烈反抗的、被作为锁链来忍受的陈旧、腐朽的制度当作初升朝霞而加以欢迎，也不能依靠相对于德国现实只能算作是乌托邦梦想的“纯政治的革命”。所以必须告别之前的革命民主主义理想，“实现人的解放”才是“德国唯一实际可能的解放”的道路。

结合德国的历史和现实国情，马克思区分了“德国的革命的过去”“部分的纯政治的革命”和“彻底的革命”，即马克思所说的“实现人的解放”的革命。“德国的革命的过去”是路德的宗教改革“战胜了虔信造成的奴役制”，“部分的纯政治的革命”是指与英法资产阶级革命相似的旨在推翻封建统治的资产阶级革命，目的是“把德国提高到现代各国的正式水准”，而马克思所提倡的“彻底的革命”“人的解放”旨在“摧毁一切奴役制”②。参照英法等国的历史进程，德国当时的资产阶级认为德国应该进行的是第二种类型的“资产阶级革命”。然而，马克思发现实际存在的问题是“现代德国制度是时代错乱，它公然违反普遍承认的公理”③，从而使得德国资产阶级的革命梦想才成为了乌托邦式。因此，马克思得出结论，就德国来说，“唯一实际可能的解放”是“彻底的革命，人

---

① 《马克思恩格斯选集》(第1卷)，北京：人民出版社2012年版，第57页。

② 《马克思恩格斯选集》(第1卷)，北京：人民出版社2012年版，第16页。

③ 《马克思恩格斯选集》(第1卷)，北京：人民出版社2012年版，第5页。

类的解放”。

马克思以 1789 年法国运动为典型的“部分的纯政治的革命”，但事实证明这个“现代的政治社会现实”不过就是“政治经济学”或“社会”对财富的统治，这种“立宪国家制度”只是一种“幻想”。原因在于，这种“立宪国家制度”置现实的人于不顾，或者“只凭虚构的方式满足整个的人”①。“部分的纯政治的革命”的基础是什么呢？马克思在《手稿》中指出，这个基础就是“市民社会的一部分解放自己，取得普遍统治，就是一定的阶级从自己的特殊地位出发，从事社会的普遍解放”②。相对于“部分的纯政治的革命”只是“市民社会的一部分解放自己”，“彻底的革命”是“要达到的人的高度的革命”，它“不应停留于王公的解放”，它将“推翻那些使人成为被侮辱、被奴役、被遗弃和被蔑视的东西的一切关系”，是“解放人民”即“全人类的解放”，它意味着“人类能够愉快地同自己的过去诀别”，它是“世界历史形态的最后一个阶段”。这就是《导言》关于“革命”及其“解放”的基本主张。

无论是德国，还是世界的未来趋势无疑都将是“彻底的革命”，即由无产阶级完成的“彻底的革命”必然带来“全人类的解放”。这是马克思联系德国的现实关于历史发展的主要结论。但是就德国来说，“彻底的革命”在德国遇到了巨大的困难，“革命”一方面需要“被动因素”，即物质基础。另一方面，“理论在一个国家实现的程度，总是决定于理论满足这个国家的需要的程度”③。但是，马克思发现德国思想的要求和德国现实对这些要求的回答之间有着惊人的不一致。马克思在此提出一个对于思想政治教育来说最为重要的基础性问题，即思想政治教育是怎样发挥联系“理论”与“实践”的桥梁作用的。“彻底的革命”“全人类的解放”都代表了“力求成为现实”的“思想”，这种“理论需要”本身既不能产生

---

① 《马克思恩格斯选集》（第 1 卷），北京：人民出版社 2012 年版，第 9 页。

② 《马克思恩格斯选集》（第 1 卷），北京：人民出版社 2012 年版，第 12 页。

③ 《马克思恩格斯选集》（第 1 卷），北京：人民出版社 2012 年版，第 11 页。

“彻底的德国革命”，也不会带来“全人类的解放”。那么，理论需要是否会直接成为实践需要呢？答案是显而易见的，理论无法将自身直接变为现实，理论需要一个中介使自身转变为现实。同时，只有“思想力求成为现实”是不够的，现实本身应当力求趋向思想。这就要进一步发现使现实趋向思想的“前提和基础”以及“实际可能性”。

马克思结合德国当时的情况认为“理论”和“实践”出现了偏差。马克思看到了这种偏差，就开始思考怎样才能帮助德国越过这种偏差与障碍，根据“理论在一个国家实现的程度，总是决定于理论满足这个国家的需要的程度”① 的原理，彻底的革命只能是“彻底需要的革命”。这里，“彻底需要的革命”是具备“彻底需要所应有的前提和基础”的“革命”。这里所谓的“前提”和“基础”包括两个方面：其一，“宣布人是人的最高本质这个理论”，其二，亟须“无产阶级这个特殊的等级”的出场。

但是，跳脱出“德国的法哲学和国家哲学”“德国的实践政治派”“理论政治派”所制造的“先进理论”的假象，将马克思在此时在《导言》中提出的思想放置在德国“彻底的革命”所需要的“理论”范畴中，我们可以清楚地看到，“宣告迄今为止的世界制度的解体”的“哲学”已经产生，它就是马克思《导言》中所表露出来的马克思关于无产阶级革命、无产阶级的思想政治教育等的学说和思想。从实际的工人运动来看，德国的无产者已经开始了反对资产者的斗争，尽管这种斗争的力量还比较微弱，德国的无产阶级只是通过新近兴起的工业运动才开始形成。

二、革命对思想政治教育的要求：理论掌握群众的“批判的武器”

马克思发现无论是黑格尔一直以来所推崇的“绝对精神”，还是“德国的法哲学和国家哲学”“德国的实践政治派”“理论政治派”等一直鼓

① 《马克思恩格斯选集》（第1卷），北京：人民出版社2012年版，第11页。

吹的所谓“理论”，都根本无法有力地改变现实世界。于是，马克思在这里一方面强调“宣布人是人的最高本质这个理论”，还明确讲“德国唯一实际可能的解放是以宣布人是人的最高本质这个理论为立足点的解放”①，把“这个理论”看作“彻底的革命”的必要“前提和基础”。这大概就是各种马克思恩格斯著作选本充分肯定“《导言》阐述了先进理论的革命性作用”“论述了革命理论同革命实践相统一的原理”的基本依据。

马克思十分重视“理论”在“革命实践”中的重要作用：“革命实践”需要“革命理论”，当然，“革命理论”也需要“革命实践”作为实现自身的载体。“革命理论”是“革命实践”的“头脑”，能够发挥所谓“革命性作用”。不过，这些解释却仍然不是对“怎么样”问题的说明，譬如人们经常引述马克思的“脍炙人口的名言”——理论一经掌握群众，也会变成物质力量，那么，我们的问题是：“理论”到底“怎么样”才能“掌握群众”呢？这个问题转换成马克思在《导言》中使用的语言，就是要说明“德国解放的实际可能性到底在哪里呢？”怎么样才能使“现实本身应当力求趋向思想”？或者，依照马克思的思想逻辑，就是：“彻底的革命只能是彻底需要的革命”②，当发现了“彻底需要所应有的前提和基础”时，“彻底的革命”还只是一种“理论需要”，这个时候，提出“德国解放的实际可能性”的问题，是要探讨那个超出了“理论需要”范畴的问题，这个“问题”的内容是如何使得“理论需要直接成为实践需要”。而这个问题的解决已经是实实在在的工作，是以实际的理论工作的方式对“怎么样”问题的回答。这种“实际的理论工作”就是我们今天在一般意义上称之为思想政治教育的活动。

马克思强调思想政治教育在启发无产阶级使用“物质的力量”摧毁现实世界，改变不合理的社会现实的过程中发挥的重要作用。“批判的武器”指向的是理论，属于精神的范畴，“武器的批判”指向的是实践，属于现

① 《马克思恩格斯选集》（第 1 卷），北京：人民出版社 2012 年版，第 16 页。
② 《马克思恩格斯选集》（第 1 卷），北京：人民出版社 2012 年版，第 11 页。

实物质力量的范畴。“批判的武器”和“武器的批判”的关系实质上可以归结为精神与物质，理论与实践的关系问题。“批判的武器”之所以不能替代“武器的批判”的批判，是因为“批判的武器”在转化为能够摧毁现实的力量之前，它只能作为一种批判的工具，只能被理解为一种精神的力量。但是，虽然马克思在这里强调“武器的批判”即一种“物质的力量”在打破陈旧束缚时发挥的作用，但马克思也同样重视“武器的批判”对“批判的武器”的需要，因为“武器的批判”需要的不是“头脑的激情”，而是“激情的头脑”。理论与实践的结合直接导致精神变物质，物质变精神，这一点正是马克思所得出的结论“理论一经掌握群众，也会变成物质力量”①。“哲学把无产阶级当作自己的物质武器，同样地，无产阶级也把哲学当作自己的精神武器。”②

在理论转变为实践的过程中，最重要的一环是要将精神转变为物质，马克思认为这种转变的条件是“理论只要说服人，就能掌握群众；而理论只要彻底，就能说服人。所谓彻底，就是抓住事物的根本。但人的根本就是人本身”③。由此可见，在马克思的语境中，思想政治教育就是连接“理论”与“群众”的中间一环。思想政治教育要想实现其预期的效果，第一点就是要能够“说服人”，而能够“说服人”的前提又在于“理论”必须“彻底”，即“抓住事物的根本”。理论的彻底来自于“生产”理论的人能够从现实运动的条件中透彻清晰地以“理论”的形态说明现实生活中真实存在问题的原因，并且能够用“理论”来解释事物发展的来龙去脉，抓住事物的根本规律。思想政治教育只有运用这样的“理论”，才能够达到“说服”人民群众，才能够实现思想政治教育良好效果的根本目的。

---

① 《马克思恩格斯全集》（第1卷），北京：人民出版社2012年版，第9页。

② 《马克思恩格斯全集》（第1卷），北京：人民出版社2012年版，第16页。

③ 《马克思恩格斯全集》（第1卷），北京：人民出版社2012年版，第10页。

三、革命中思想政治教育的功能：激起瞬间革命热情的工作

从精神生产的视角来看，在马克思那里，思想政治教育在国际共产主义运动的舞台上最初作为一种“思想上的斗争武器”而登场。

马克思对当时德国死气沉沉、封闭压抑的状况十分不满，他迫切希望能打开一个缺口，为德国指出一条通往光明未来的道路。于是，他用充满火药味的笔触写到，“应该向德国制度开火！一定要开火！”① 马克思对当时德国现状的分析可谓句句切中要害，马克思认为无论是从资本主义经济发展的状况，还是从政治制度的层面，德国与同处欧洲大陆的英法两国相比相差甚远。即使在德国的制度低于历史水平的状况下，马克思依然坚决地认为，要把德国的“制度”作为批判的对象，在同这种制度进行斗争的过程中，批判并不是“理性的激情”，而是“激情的理性”。“批判”在这里不是充当剖析社会状况的“解剖刀”，而是充当直接斗争的“武器”。“批判已经不再是目的本身，而只是一种手段。它的主要情感是愤怒，主要工作是揭露”②。马克思在这里使用的“批判”“揭露”指的都是思想政治教育最初在革命运动中发挥的功能，从理论上去揭露现存“制度”的不合理性，并对其加以毫不留情的“批判”，从根本上驳倒现存制度存在的“精神”根基。

思想政治教育在斗争中所做的具体工作就是“给敌人以打击”，以达到“不能使德国人有一点自欺和屈服的机会”③ 的目的，具体的方法就是使受压迫的人“意识到”压迫，从而使被压迫的人感到现实的压迫更加的沉重，还要“宣扬耻辱”，从而使耻辱激发革命群众的革命斗志，并且对德国社会的每个领域进行详细的描述，但这种对现状的描述就是对现状不

① 《马克思恩格斯全集》（第 1 卷），北京：人民出版社 2012 年版，第 4 页。

② 《马克思恩格斯全集》（第 1 卷），北京：人民出版社 2012 年版，第 4 页。

③ 《马克思恩格斯全集》（第 1 卷），北京：人民出版社 2012 年版，第 4 页。

合理的揭露，只有通过这样的努力，才能“激起人民的勇气”。

思想政治教育作为“思想上的斗争武器”能够帮助革命者发起革命运动，激起无产阶级瞬间的革命热情。马克思的《导言》在论述了思想政治教育在现实中实现革命理论和革命实践相统一的原理之后，还具体地说明了自己的“理论”是“怎么样”参与“彻底的革命”的过程。揭示了思想政治教育在共产主义运动的过程中，怎样发挥动员舆论的作用，以达到激起无产阶级瞬间的革命热情，唤醒人民群众的革命意识，鼓舞其积极参与革命斗争的目的。马克思在如何使无产阶级成为“革命动力”的分析中，充满了对思想政治教育作为革命思想启发和社会动员功能的分析。

为了逻辑的清晰，我们必须结合上下文来说明马克思分析“思想政治教育”如何作为“思想上的斗争武器”以“激起瞬间的革命热情”的思想理路。马克思在《导言》中重点思考了“对尘世的批判”，即政治解放和人类解放所依靠的阶级力量问题。马克思分析了政治解放依靠的阶级力量，“就是市民社会的一部分解放自己，取得普遍统治……从自己的特殊地位出发，从事整个社会的解放”①。“部分的纯政治的革命”指资产阶级革命，即“政治解放”，这里的“市民社会的一部分”“一定的阶级”就是指资产阶级，“政治解放”是由作为市民社会一个部分的资产阶级领导完成的。资产阶级进行政治革命的出发点是自己的特殊地位和特殊利益。但是这场革命根本没有触及私有财产的大厦，所以，政治革命的结果只能是“部分的解放”。

那么，如何才能取得“整个社会的解放”“人类的解放”呢？马克思认为只有在一种情况下“人类的解放”才有可能实现，“即假定整个社会都处于这个阶级的地位，也就是说，既有钱又有教育，或者可以随意取得

① 《马克思恩格斯全集》（第1卷），北京：人民出版社2012年版，第13页。

它们，这个阶级才能解放整个社会”①。这里的“这个阶级”是指上文中提到的作为市民社会一个社会集团的资产阶级。马克思所说的“人类解放”的条件是指整个社会占有资产阶级现在已经占有的物质生产资料和精神生产资料，也就是“既有钱又有教育”，这就意味着“整个社会”既占有物质生产资料又占有精神生产资料，并且可以对二者随意支配，既享有占有权，又具有支配权，那么“解放整个社会”才有可能。

综合上述两种情况，实际上包含了矛盾，在理论上不可能实现的“革命”，在共产主义运动史上却成为了历史事实，马克思揭示其中的秘密在于在市民社会，“任何一个阶级”要能够扮演这个角色，就必须“在自身和群众中激起瞬间的狂热”。这个“激起瞬间的狂热”的东西，马克思称作“革命的主动因素”，就是“理论”。马克思认为革命既需要“被动因素”，即物质基础，也需要“主动因素”，即革命的理论。在长期物质准备的基础之上，“理论”能够在瞬间对革命者的热情发挥催化剂的作用，同时还能够对凝聚全社会的“民心”发挥强有力的作用，在这瞬间，这个阶级与整个社会“亲如兄弟”并且“汇合起来”，“亲如兄弟”的感情使得能够“激起瞬间的狂热”的“这个阶级”与整个社会混为一体并且被看作和被认为是整个社会的总代表。于是，“这个阶级”的要求和权利“真正”成了社会本身的要求和权利，它真正是“社会的头脑和社会的心脏”。

这里需要注意的是，马克思想要说明的是具备“在自身和群众中激起瞬间的狂热”的能力是多么重要，也就是谁掌握了“思想政治教育”的主动权，谁就能赢得“整个社会亲如兄弟”并且“汇合起来”，“整个社会混为一体”并且被整个社会视作“整个社会的总代表”的结果。这个结果的益处是显而易见的，得到全体社会成员的认可是一个阶级成为统治阶级合理性和合法性的基础。而实际上，通过运用工具意义上的“思想政治教

① 《马克思恩格斯文集》（第 1 卷），北京：人民出版社 2012 年版，第 13 页。

育”手段取得统治合法性的阶级，是否真正地代表整个社会的利益就需要结合“这个阶级”本身的情况进行具体考察。

马克思也在《导言》中区分了“部分的纯政治的革命”和“彻底的革命”及其相应的“理论”的原则性区别，前者相应的“理论”是“非神圣形象的自我异化”①，即宗教，而后者的理论是“人是人的最高本质”，二者之间有根本性的差异。这也就是说，从客观的意义上看，“思想政治教育”的工具性决定了它可以起到“在自身和群众中激起瞬间的狂热”的作用。但是，从非工具性的意义上看，“思想政治教育”的性质取决于运用它的阶级和使用的目的。马克思认为，在“激起瞬间的狂热”之后如何继续以某种虚假的理论“欺骗”革命群众，因而堕落成为一种虚幻的“意识形态”。相比较而言，马克思主义的思想政治教育，由于其是无产阶级政党在非工具意义上使用“思想政治教育”，目的是在“彼岸真理”消逝之后，揭示“此岸世界的真理”并且要“消灭自身”，消灭阶级、剥削和压迫，因而是“科学理论”。

在此，重要的是马克思对作为“彻底的革命、人类的解放”的“头脑”的“理论”，它的作用形式与能够“激起瞬间的狂热”的那个“理论”不同的规定。这一点意味着马克思结合自己参与工人运动的经验，首先产生了“思想政治教育”作为一种实际能够激起底层工人革命热情的工作的初步认识。

四、革命中思想政治教育的主体：无产阶级

马克思自从担任《莱茵报》主编起，就打算对法国流行的社会主义思潮追本溯源，对共产主义这个重大议题进行彻底的探讨。然而，马克思意识到他必须借助于黑格尔的辩证法和费尔巴哈哲学中的人本主义因素才能

① 《马克思恩格斯全集》（第1卷），北京：人民出版社2012年版，第2页。

开展这一工作，所以，马克思对社会主义和共产主义问题的研究延迟到了移居巴黎的前后。

马克思在 1843 年 3 月撰写的《论犹太人问题》中，揭露了 1789 年国民议会宪法委员会制定《人权和公民权宣言》的真实本质，即法国国民议会制定《人权和公民权宣言》的目的仅仅是为了维护“新兴资产阶级”的权利，只给予社会底层的农民和工人“形式上”的自由与平等，与他们的实际利益并没有任何关系。正是从此时起，马克思研究的目光开始长时间停驻在处于社会底层的工人阶级身上。相比较《论犹太人问题》，马克思是在 1843 年 12 月写作的《黑格尔法哲学批判〈导言〉》中，首次把“无产阶级”作为一个阶级列入他重点考察的对象，马克思经过对无产阶级在资产阶级社会中的社会地位，以及无产阶级未来所要承担的历史使命的考察，得出只有无产阶级才能完成人类解放任务的结论，马克思认为只有无产阶级才能担当未来社会解放者的角色。

虽然《导言》的全部主张主要是“就德国来说的”，马克思当时指向的是德国革命的可能性，也是马克思作为德国革命的哲学家指出德国“唯一实际可能的解放”。但是，正是在标志了马克思世界观和立场转变完成的《导言》中，马克思同时表达了关于“超出了德国现状”的“人类能够愉快地同自己的过去诀别”的看法，即“科学社会主义”的理论，这也是马克思科学社会主义理论首次得以系统呈现。这其中还包含着马克思对于无产阶级社会地位和历史使命的揭示，马克思分析了无产阶级的形成过程，它是“一个被戴上彻底的锁链的阶级”，还是“一个并非市民社会阶级的市民社会阶级”①，它们在社会“普遍的不公正”的胁迫下，无法再求助于“历史的权利”，而只能求助于自己，求助于“人的权利”。马克思认为“无产阶级”不是与德国国家制度形成的结果相对立，这种对立只是一种“片面”的对立，从根本上说，“无产阶级”是同德国制度形成的前

① 《马克思恩格斯选集》(第 1 卷)，北京：人民出版社 2012 年版，第 15 页。

提相对立，这种对立是“彻底”和“全面”的。

面对德国的状况，马克思认识到，工人阶级才是人类解放的实践因素，以工人阶级为主体构成的“无产阶级”才是思想政治教育的实践力量。要打破社会现状，必须唤起工人阶级的革命意识，这也是思想政治教育的首要工作，揭露德国的现实，让赤裸裸的现实唤醒受压迫的工人阶级，使他们大吃一惊，“让受现实压迫的人意识到压迫，从而使现实的压迫更加沉重”①，并且“宣扬耻辱，使耻辱更加耻辱”，进而促使这个“若不从其他一切社会领域解放出来从而解放其他一切社会领域就不能解放自己的领域”意识到“只有通过人的完全回复才能回复自己本身”，马克思认为，这个特殊的等级就是“无产阶级”。

在《神圣家族》中，马克思在对青年黑格尔派错误观点进行批判的过程中发现，工人阶级作为人类解放的实践因素，在生产物质财富的同时也生产着精神财富。面对英法德不断壮大的工人队伍和此起彼伏的工人运动，青年黑格尔派被吓得“心惊肉跳”，他们竭力贬低无产阶级，诬蔑马克思对于无产阶级历史使命的看法是“神学教条”，宣称要对其进行“完全而充分的批判”，在埃德加尔·鲍威尔的《弗洛拉·特莉斯坦的〈工人联合会〉》中，法国社会主义者特莉斯坦说：“工人创造一切，生产一切，但是他们既没有权利，又没有财产，简单地说，一无所有。”埃德加尔·鲍威尔认为弗洛拉·特莉斯坦观点的前后因果关系应该颠倒过来，“工人什么东西也没有创造，所以也就一无所有”②，埃德加尔·鲍威尔进一步论证他的观点，他认为工人之所以什么都没有创造，是因为工人的工作始终是为了满足自己需要的某种单一的东西，所以工人的工作不仅是“为了满足自己的需要”，也是“单一的”“平凡的”“不足为奇的”。马克思恩格

① 《马克思恩格斯选集》(第1卷)，北京：人民出版社2012年版，第5页。

② 《马克思恩格斯全集》(第2卷)，北京：人民出版社1957年版，第21—22页。

斯认为青年黑格尔派的这种观点“简直就是疯话”①，他们以“精神的活动才是创造活动”的唯心主义标准来评判工人的工作，并且只是肤浅地看到了工人生产出来的可感触到的、具体的物质的东西，而实际上，工人阶级既创造物质财富，又创造精神财富。马克思强调“工人才创造一切”，甚至仅以工人阶级的精神创造来说，也会使得青年黑格尔派对工人阶级的整个批判感到羞愧。

马克思在《导言》和《神圣家族》中对“无产阶级”社会地位和历史使命的揭示对于无产阶级思想政治教育具有重要意义。马克思在这一点上指明，无产阶级思想政治教育的教育对象就是无产阶级，从马克思所阐明的无产阶级承担的历史使命的角度，可以将无产阶级理解为无产阶级思想政治教育的主体。无产阶级思想政治教育的历史任务就是启发无产阶级的阶级意识，促使他们觉醒，以巨大的革命勇气砸碎私有制对人形成的桎梏。马克思认为，德国的无产阶级要完成其历史使命，必须意识到“德国人的解放就是人的解放。这个解放的头脑是哲学，它的心脏是无产阶级”②。无产阶级只有以科学的哲学武装头脑，“把哲学当作自己的精神武器”，夺得“彻底的革命”领导权并成为参与的主体，才有可能以“自觉”的、“主动”的姿态，以一种超越个体、超越民族和国家的、普遍的人类历史的主体意识完成实现“人的真正的解放”的历史使命。

本章小结

马克思在 1843 到 1844 年间以论战的方式清算了他那个时代各种各样的思想传统和态度观点，从而达到了一种批判的自我意识。在这个过程

---

① 《马克思恩格斯全集》（第 2 卷），北京：人民出版社 1957 年版，第 21—22 页。

② 《马克思恩格斯选集》（第 1 卷），北京：人民出版社 2012 年版，第 16 页。

中，马克思本人也摆脱了自身阶级的束缚，转变成一位能自觉从无产阶级立场出发，考察和批判资本主义社会的思想家和无产阶级革命家。马克思的思想政治教育理论是伴随着马克思本人参与和领导工人运动的实践而形成的，马克思不仅是一位精通思想政治教育理论的思想家，更是一位亲身参与革命宣传工作的思想政治教育工作者。

在《莱茵报》编辑部工作时，马克思第一次不得不对现实的难题进行回答，从那时起，马克思就将关注的目光从构建纯粹的理论转向了现实的“物质利益”问题，随着1843年退出《莱茵报》编辑部的工作，迁居巴黎参加工人运动的实践经历，马克思愈来愈倾向于从现实的生活入手思考理论的问题。马克思结合自己对生活在社会最底层的工人的现实生活的调查，不断地对以往影响自己的青年黑格尔学派思想加以反思，形成了自我批判的意识，之后又以论战的方式对当时存在的各种错误思潮进行批判，尤其是在合理借鉴吸收黑格尔辩证法的基础上，批判了其唯心主义的哲学立场，尝试从物质利益和现实社会状况的条件出发，去解释“人的思想”发展变化的原因。马克思在此过程中逐步建立了自己独具风格的思想政治教育体系。

但是，马克思在此阶段也表现出思想上的局限性。《手稿》表露出马克思在此阶段仍然受到费尔巴哈精神生产理论的影响，马克思对精神生产主体的分析解读仍然带有人本主义的性质，虽然从人的异化的观点和立场来分析精神生产，认为道德、宗教、哲学都是人的本质异化的产物。但马克思并没有就支配精神生产的规律究竟是什么的问题深入地展开探讨。

同时，虽然马克思看到了物质生产对精神生产的决定作用，但是又把这种决定作用产生的原因归结到“人的本质”。马克思在这个时期还没有发现“生产力”和“生产关系”之间蕴含的辩证关系，所以在分析物质生产对精神生产的决定作用时只能求助于“人的本质”。马克思在此阶段对物质生产的认识还止步于物质生产之所以起到决定性的作用，是因为物质生产是人的本质异化的感性形式和感性表现，是异化的最基本形式，决定着包括精神生产在内的其他异化形式。由此可以看出，马克思要对精神生产做出完全科学的说明，还必须再深入一步，去解剖“物质生产”的内部结构。

最后，马克思对精神生产社会性的探讨，还局限于抽象的人性范围内。虽然对精神生产的社会性作了充分肯定，但是，由于受到人本主义影响的原因，马克思还是没能把精神生产和一定的社会历史形式联系起来进行整体的考察，还没有能够发现精神生产视角下思想政治教育产生的深层原因，也未对其未来的发展方向做出预判。这些分析工作将伴随着唯物史观的基本形成渐次展开。

第三章　1845—1848 年：马克思思想政治教育理论形成期

自 1843 至 1844 年马克思萌发对思想政治教育问题的思考以来，在 1845 至 1848 年的三年时间中，马克思撰写了多本重要著作，其中包含着许多重要的唯物史观观点，同时，马克思借助唯物史观世界观与方法论的统一，将精神生产用作一种分析方法，对“人的意识的生产”“人的思想观念”的形成和变化发展展开了诸多的论述。

这一时期能够代表马克思思想政治教育理论基本形成的著作包括：马克思于 1845 年春写作的《关于费尔巴哈的提纲》（以下简称《提纲》），1847 年写作的《哲学的贫困》，以及在 1845 至 1846 年，1847 年 12 月至 1848 年 1 月与恩格斯共同撰写的《德意志意识形态》（以下简称《形态》）和《共产党宣言》（以下简称《宣言》）。这一时期，马克思从实践的立场出发，分析批判了费尔巴哈抽象的人本主义不了解社会实践的根本错误，全面阐述了精神生产的基本原理，正是在精神生产的理论框架之下，马克思的思想政治教育理论已现雏形。

马克思于 1845 年春写作的《关于费尔巴哈的提纲》标志着马克思的哲学思想发生根本转变。从此，马克思不再用溢美之词热情地赞扬费尔巴哈的哲学，相反，马克思开始冷静地批判费尔巴哈哲学的缺陷。马克思离开了费尔巴哈所充当的“中间环节”，从而走向阐发新世界观的阶段。马克思和恩格斯对人的“意识的生产”和“实践问题”的关心在其早期的思想活动中占据着重要的地位，这两点也是理解“思想政治教育”活动的关键。

从 1838 年至 1847 年，马克思自参加青年黑格尔派的“博士俱乐部”到完成《德意志意识形态》之前，思想上受到了黑格尔以及青年黑格尔派的深刻影响，这种用黑格尔派的思想观照和理解世界的习惯被参与指导工人运动的经历打破。自 1843 年参与到实际的工人运动之后，实践中提出的难题以及在工人运动中积累的经验让马克思和恩格斯同时清醒地认识到黑格尔派思想在解释现实问题时表现出来的软弱无力、谬误丛生，于是，两人决定共同写作《神圣家族》和《德意志意识形态》，目的就是要与德国当时流行的各种哲学学说和社会思潮划清界限，表明与黑格尔派思想彻底决裂的决心。

马克思以法文在 1847 年上半年完成的《哲学的贫困》既是一部经济学著作，同时也是一部哲学著作。马克思的新世界观与政治经济学中“决定性的东西”就是通过这一文献公开问世的。继 1844 年 4 月至 8 月，马克思在巴黎初步研究了政治经济学的问题，尤其是细致地研究了资产阶级古典政治经济学的问题，撰写了《1844 年经济学哲学手稿》（又称《巴黎手稿》）以来，1847 年完成的《哲学的贫困》标志着马克思已经开始对政治经济学第二阶段的研究。在创立历史唯物主义的同时，马克思在一个全新的角度上批判资产阶级政治经济学，并进入建构自己独特的政治经济学理论和科学社会主义理论的过程。

对于马克思来说，这是一个重要的理论过渡时期。马克思一方面彻底摆脱了人本主义的哲学构架，在历史唯物主义的现实方法中科学地面对历史；另一方面，马克思已经正确地理解了研究政治经济学的科学前提，从根本上转变了他对古典经济学的基本认知态度。这里尤其需要强调的是，马克思在《哲学的贫困》中提出要用科学社会主义的理论教育工人阶级，使其由“还不是自为的阶级”变成“自为的阶级”，这是马克思在《哲学的贫困》中明白提出并加以说明的、工人阶级政党的重要职责，也是无产阶级思想政治教育的重要内容。

第一节　马克思思想政治教育理论形成的背景

与萌芽时期的背景不同，马克思的思想政治教育理论基本形成于德国大工业逐步发展的社会背景之下，德国国内工人阶级与资产阶级的矛盾日益突出，同时，欧洲其他国家的工人运动先后经历了失败，实践中的挫折将马克思对工人运动失败的反思引向深处。正是在这样的背景下，马克思开始对怎样认识人类社会历史现象，以及如何发动工人阶级积极参与工人运动，如何取得革命斗争的胜利，还有工人运动未来的走向问题进行了更深入的思考。

一、马克思思想政治教育理论形成的社会背景

1845 至 1848 年之间，德国经济发展的状态相较于之前的阶段，已经发生了较大的改变，以往封建割据的状态如经年冰冻被势如破竹的大工业潮流打破，尤其是与法国毗邻的莱茵河地区，已成为资本主义大工业发达地区。随着德国资本主义经济发展取得的整体进步，新的矛盾又出现了。旧有的生产方式被打破，农民失地、家庭作坊的破产增加了无业者的数量，失地农民、破产的小手工业者不得不依靠出卖自己的劳动力到工厂做工以维持基本生存，无产阶级的人数在短时间内剧增，加之资产阶级对工人阶级剥削的日益加剧，无产阶级的生活状况变得极端贫困和难以忍受，两大阶级的矛盾日益尖锐，斗争此起彼伏。

十九世纪三四十年代，欧洲工人运动的参与人数、规模、斗争方式以

及影响力都发生了巨大的变化，工人的斗争逐渐从自发发展为自觉，从经济斗争发展为政治斗争，从区域性运动扩展为全国性运动。但是，爆发在欧洲大陆上规模较大的三次工人运动——1831 年和 1834 年法国里昂的两次工人起义、1937 至 1848 年持续开展的英国宪章运动、1844 年德国西里西亚纺织工人起义——都先后经历了失败。

面对德国资本主义经济发展出现的新情况，以及工人斗争失败的惨烈状况，马克思一方面希望从理论层面对德国现状进行更加深入的研究，另一方面也被工人起义的磅礴气势所鼓舞，冷静地结合具体的革命过程分析了导致革命失败的原因。马克思认为，工人阶级虽然有了斗争的意识，甚至从单纯争取短期的经济利益上升到提出一定的政治诉求，但工人流血牺牲得到的教训证明，他们仍然缺乏由科学共产主义理论武装起来的无产阶级政党的领导。马克思很快在理论上对此进行了说明，工人起义需要一支无产阶级政党的统一领导，同时要求这支政党还必须掌握科学理论。这也从另一个侧面反映出，工人运动需要科学的理论指导，即一方面是革命策略的指导；另一方面是需要革命精神和理念的教育，一种精神动员和指引。

二、马克思思想政治教育理论形成的思想背景

英法德资本主义经济的发展强烈震动了欧洲的思想界，反映各阶层利益的思潮在此时风起云涌的欧洲大陆上汇聚，每一种学说都以攻击他者的方式证明真理掌握在自己的手上，一种新的思潮涌现，另一种新的思潮很快又将其淹没，整个思想界充斥着各种声音，湮没在一片混战之中，使人难辨真假。

1845 年马克思被法国政府驱逐，只能辗转移居布鲁塞尔，他整日浸泡在比利时国家图书馆中进行政治经济学的研究，并且借助于恩格斯《英国工人阶级状况》中的一手材料对无产阶级以及资本主义经济危机等问题有

了更深刻的分析。就在此时，马克思希望将政治经济学的研究成果写成一本更完整、更深入的专著计划被打断了，此时德国思想界出现了许多自称是“共产主义者”或“社会主义者”的思潮，如何将自己的学说与观点与其加以区分就成为了马克思迫切需要完成的工作。

1845 春夏之交，马克思为澄清《维干德季刊》第 2 期刊登的文章对《神圣家族》发出的诘难，撰写了《关于费尔巴哈的提纲》，紧接着又在 1845 年夏，面对费尔巴哈发表文章宣称自己是共产主义者，甚至与此同时，自称为“真正的社会主义者”的格律因、库尔曼、皮特曼等人出版了《法兰西和比利时的社会运动》《新世界或人间的精神王国》《莱茵社会改革年鉴》第 1 卷等著作的状况，马克思感到必须采取行动对这些思潮加以批判。形势发展得比马克思设想的更加迅速，也就在稍后的 10 月，青年黑格尔派的布鲁诺·鲍威尔和施蒂纳在《维干德季刊》第 3 期上发表《路易·费尔巴哈的特点》《施蒂纳的批判》等文章。行动迫在眉睫，这些论著的发表直接促使马克思改变关于写作政治经济学著作的计划。

马克思和恩格斯认识到，为了让广大群众能够更容易地了解政治经济学观点，必须首先对以费尔巴哈和鲍威尔等人为代表的德国哲学和“以各式各样的先知”为代表的“真正的社会主义”进行批判，他们从 1845 年 11 月起夜以继日地开始搜集材料并着手写作《德意志意识形态》，以回击布鲁诺·鲍威尔等人在文章中阐述的见解，彻底批判黑格尔哲学。

随着欧洲大陆上革命运动此起彼伏的爆发，思想界关于“社会主义”的声音也愈显嘈杂，甚至出现了宣扬用博爱和友谊代替革命斗争的思潮。马克思和恩格斯在为共产主义者同盟起草的纲领性文件《共产党宣言》中，为了说明马克思主义与欧洲盛行的各种“社会主义”思潮的区别，专门在第三章“社会主义的和共产主义的文献”，运用唯物史观的基本观点，分别剖析了反动的社会主义，小资产阶级的社会主义、德国的或“真正的”社会主义、保守的或资产阶级的社会主义等各式各样的“社会主义”“共产主义”观点，揭露了它们的实质，划清了科学社会主义同它们的界限。

在此阶段，马克思在与敌人进行论战的过程中也进行自我批判，正是这种批判与自我反思的方式帮助马克思彻底清除了大脑中残余的黑格尔哲学的影响，使得唯物史观的基本原则和观点逐步建立起来。马克思在 1843 年与恩格斯合作撰写的《神圣家族》和 1845 至 1848 年间写作的两篇重要著作《关于费尔巴哈的提纲》和《德意志意识形态》，标志着马克思和恩格斯与黑格尔思想的彻底决裂。马克思的思想政治教育理论正是在与各种思潮进行激烈而复杂的斗争中形成的。

第二节　马克思对人的意识发展的历史考察

“思想政治教育”，从语义的角度来看，“思想”是思想政治教育所关心和关注的核心问题，这一点也是马克思在建立唯物史观的过程中重点关注的问题。在此阶段写作的《关于费尔巴哈的提纲》《德意志意识形态》等著作中，马克思娴熟地运用唯物史观的方法分析了“人的意识”的发展历程，详细剖析了“人的意识”伴随人类物质生产实践的发展而发生的变化，人的意识的生产与人类社会其他四种生产之间的关系。但是，区别于以往的哲学家，马克思不是从“抽象的人”，而是从“现实的人”出发去考察人的思想观念的变化发展。这些思想对于我们理解马克思的思想政治教育理论，明晰思想政治教育关注的核心问题都具有重要意义。

一、思想政治教育聚焦：人的意识

思想政治教育最核心和最首要关心的就是人的思想、观念的问题，对“人的思想和观念”问题的认识也是思想政治教育活动在实践中展开的理论前提。马克思认为思想、观念的最初形态就是“人的意识”。在此阶段，马克思用唯物史观的方法解释了意识的出现及其发展对于人的意义——人的意识正是人与动物的区别之处，以及人的意识发展所经历的不同历史阶段，马克思的这些思想为思想政治教育运用唯物史观的方法正确认识“人的意识的历史发展”提供了思路。

第一阶段，思想、观念的最初形态就是“人的意识”，“有意识”将人与动物区别开来。马克思在《手稿》中就曾论述过人与动物的区别，动物无法将它自己与它为了维持生命的活动区别开来，动物与其生命活动直接同一。但是，人所进行的是“有意识”的生命活动，这一点体现在人能够思维，人是有意识的，从而人能够使自己的生命活动本身变成自己意志的和自己意识的对象。在《德意志意识形态》中，马克思从人的物质生产方式对人的意识的决定作用的角度给“意识”下了一个定义，“我对我的环境的关系是我的意识”。① 按照马克思的分析思路，人在从事物质生产的过程中，必然会与周遭环境发生一定的联系，即“我”与“环境”的关系，这种“关系”是为“我”而存在的。相比之下，动物无法与什么东西发生和“人与环境”相等同的“关系”，因为动物无法产生对自己所处环境的“意识”，因而对于动物来说，它对他物的关系不是作为“关系”存在的。因此，马克思在这里得出结论，意识一开始就是社会的产物，而且只要人们存在着，它就仍然是这种产物。② 人是作为“社会的人”而存在的，“人的意识”也就是一种社会的意识。

第二阶段，思想、观念由最初“人的意识”的形态转变为“畜群意识”和“生产的意识”。按照唯物史观的观点，人的意识的产生与人对自然界的改造过程紧密相关。人的意识是随着人的物质生产实践活动形成的，人的物质实践就是对自然界的改造活动。起初，人的“意识”只是对直接的、可感知的环境的一种模糊的感知。在生产力极其低下的时期，人

① 《马克思恩格斯选集》(第2卷)，北京：人民出版社1995年版，第161页。

② 《马克思恩格斯选集》(第1卷)，北京：人民出版社1995年版，第161页。

类几乎不具备改造自然的能力，自然在此时完全与人对立。在人类面前，自然是一种威力无限的、不可制服的力量，因此在此阶段人最初的意识就是对自然界的意识。马克思认为，此时人同自然界的关系与动物同自然界的关系完全相同，因此将这种意识归为一种“纯粹动物式的意识”。但在另一方面，马克思又强调这种意识是一种“纯粹的畜群意识”，人的意识因为以“群”为单位的活动而具有了新的色彩。人在实际生产中无法脱离周围的个人，而必须与之来往，从此刻起，在“交往”中开展生产生活活动的个人开始意识到人是生活在“社会”中的人，这就是一种“群”的意识，也是“社会意识”的雏形。马克思又分析了人与绵羊的不同之处，他认为人的意识的产生，就代替了人的本能，或者说人的本能是被意识到的本能。随着人类的繁衍，人口数量不断增长，生产效率得到极大的提高，人的生存及生活需要也随之增长。与之同步的是，马克思所阐述的“绵羊意识”或“部落意识”随着分工的展开，发展成为“生产的意识”。人的意识直接反映着现实生产的开展，直接与人们的物质活动和物质交往交织在一起。人们的想象、思维、精神交往在这里还是人们物质行动的直接产物。①

第三阶段，思想、观念作为“生产的意识”发展过程中出现了一个崭新的形态，即“纯粹的理论”的生产，也就是“意识形态”及其生产。马克思认为，人类物质生产发展到一定阶段，必然会出现物质劳动与精神劳动的分离，也就是出现真正的分工。依照唯物史观的分析方法，“真正的分工”必然会造就一个特殊的群体，即“意识形态家”“僧侣”的最初形式与之一同出现。可以说，“意识形态家”“僧侣”的出现为人的意识“独立于”现实之外去构造某种东西提供了物质载体。从这时候起，马克思认为意识才能“现实地想象”，意识不用想象“某种现实的东西”就能“现实地想象”某种东西。② 正是此时，由意识形态家和僧侣“想象”出

① 《马克思恩格斯选集》(第1卷)，北京：人民出版社1995年版，第151页。

② 《马克思恩格斯选集》(第1卷)，北京：人民出版社1995年版，第162页。

来的东西是与现存“直接实践的意识”从本质上相区别的某种东西。从这时起，“人的意识”的发展脱离了直接的实践，进入到一个与以往意识发展完全不同的新阶段，即单个人不再是自己意识的直接生产者，转而必须依赖于“消费”被意识形态家和僧侣构造出的“纯粹的”理论，这些“纯粹的”理论、哲学、道德等就是“意识形态”的雏形。马克思口中的意识形态家和僧侣就是“意识形态”最初的生产者。“意识形态”的产生不仅是“人的意识”的发展历史上一个重要的拐点，也为一般意义上所指称的“思想政治教育”的出场拉开了序幕。

二、意识的生产与其他四种生产的关系

人的意识的生产并非是独立运转的，它隶属于是社会全面生产的一个部分。马克思将人类社会的生产归为五种，人的意识的生产在其中居于重要的地位。具体来说，马克思是在《德意志意识形态》中详尽地阐述了五种社会生产不同的发展阶段及其相互之间的关系。这里重点阐释人的意识的生产及其与类社会其他四种生产的关系。

第一种生产，即生活资料的生产。马克思认为，人类得以生存和世代繁衍的第一个前提就是“生活”，而生活的展开首先需要满足人的吃穿住行的基本需要。为了满足这些需要，人就要从事物质生产活动以生产满足吃穿住行需要的资料，人类所进行的这种活动就是在生产物质生活本身。马克思认为，这就是人类历史发展的第一个前提，也是一切历史的基本条件。对于物质生产基础性地位的强调是马克思与其他德国哲学和英法哲学家的不同之处。马克思批判德国哲学家从来没有为他们口中的“历史”提供世俗基础，而英法哲学家因为受到政治意识形态的束缚，仅在历史编纂学中考虑物质因素的初步尝试。在物质生产的过程中，由于人的基本需要得以满足以及在满足基本需要过程中生产出的新工具又会产生出新的需要，新的需要继而引发新一轮的物质生产活动。需要的满足以及新需要的

产生是引发人类物质生产活动持续不断进行下去的直接动力。

第二种生产，即新的需要的生产。如果人停滞于生存的基本需要得以满足的阶段，那么，人以及人类社会就无法得到发展。但是，马克思通过对历史的考察对人的“需要的生产”得出新的认识，“已经得到满足的第一个需要本身、满足需要的活动和已经获得的为满足需要而用的工具又引起新的需要，而这种新的需要的产生是第一个历史活动。”① 正是在这一点上，马克思揭示了“德国人”荒谬的“史前历史”是如何得以过渡到真正的历史。新的需要的生产也是促使人不断地改进生产工具，提升人对自然的改造能力以满足人自身的需求的动力。

第三种生产，即人自身的生产，即家庭的建立与扩展。人通过物质生产活动满足自身基本的需要，在生产满足自身生存需要的物质资料的同时，也以“繁殖”的方式开始生产新的人，这个过程也是人对自己生命的重新生产。随着具有血缘关系的人口数量的增长，家庭的形态逐渐确立，夫妻之间的权利与义务、父母和子女之间的权利与义务的关系都随之确立。家庭之中包含的这些关系起初是唯一的一种社会关系，也是社会关系进一步延伸与发展的基础。家庭的扩大及社会交往的增加，形成了国家这样的社会组织单位。但是，马克思强调当新的需要催生出家庭之外的新的社会关系之后，家庭所包含的社会关系从属于新的社会关系，这时就要根据“现有的经验材料”而非像当时德国理论界那样以“家庭的概念”来对家庭关系加以考察。也就是说，新的社会关系产生之后，家庭所构建的社会关系必然受到新的社会关系的影响与塑造，这一点在马克思分析资本主义条件下由资本与利益主导的家庭关系中即可以看出。

第四种生产，即人的社会关系的生产。马克思认为，人通过劳动进行物质生产来生产自己的生命并且同时通过生育的方式来生产他人的生命。在这个过程中，人与自然、人与人之间结成了自然关系和社会关系。这里形成的“社会关系”对于理解马克思的唯物史观来说是一个重要的概念，

---

① 《马克思恩格斯选集》(第 1 卷)，北京：人民出版社 1995 年版，第159 页。

这里所说的“社会关系”即指“许多个人的共同活动，不管这种共同活动是在什么条件下、用什么方式和为了什么目的而进行的”①。也可以说“社会关系”就是人在这些组织中所形成的人与人之间的关系。人的社会关系生产的最初形式存在于血缘关系紧密的家庭中，随着物质生产的扩展，局限于某一地域的血族亲缘关系被打破，社会关系生产的范围就拓展到了市民社会、国家之中。因此，一定的生产方式一定是与一定的共同活动的方式相联系的，而这种共同活动方式本身就构成了“生产力”。对人的社会关系的考察，一定要深入到人所处的社会阶段和此阶段的生产方式和生产力状况。

第五种生产，即人的意识的生产，也就是“精神生产”。马克思在考察了上述四种生产之后，发现了人还进行着“意识”的生产。与以往哲学家不同的是，马克思强调人的意识的生产并非一开始就是“纯粹的意识”。马克思认为“意识”产生之初就受到物质的“纠缠”，物质是“意识”产生的载体与基础。这里的“物质”既包括人的大脑、物质环境，也包含作为意识产生重要基础的语言。马克思强调，人的意识的产生是顺应人自身存在和他人存在的双重需要产生的。正是“意识的产生”将人同动物直接区别开来，动物没有意识，也无法“意识”到自身于他物之间的关系，而意识一开始就是社会的产物②，人的意识不仅使其对自身产生认识，并且使其在人与人之间的交往中形成各种各样的“关系”。

这里需要注意的是，从共时态上看，生活资料的生产、新的需要的生产、人自身的生产、人的社会关系的生产、人的意识生产这五种生产③之间并非是相互隔绝的，而是同一人类社会活动的若干个不同的方面或因

---

① 《马克思恩格斯选集》(第1卷)，北京：人民出版社1995年版，第160页。

② 《马克思恩格斯选集》(第1卷)，北京：人民出版社1995年版，第161页。

③ 学界对马克思全面生产理论由哪些部分组成的问题抱有争议。其中俞吾金认为，马克思的全面生产理论主要是由物质生活资料的生产、人的生产、精神生产和社会关系的生产四部分组成。详见俞吾金：《作为全面生产理论的马克思哲学》，载《哲学研究》，2003年第8期。

素。从历时态上看，社会生产的不同形式在人类社会发展的每一阶段所起的作用是不同的。人的意识生产居于五种生产中的最高层面，一方面，意识的生产受制于物质的生产；另一方面，人的意识生产在一般意义上处于被奠基的地位。

三、精神生产与物质生产的关系

在五种社会生产中，尤其需要重点说明的是人的意识的生产与生活资料生产之间的关系，即精神生产与人的物质生产之间的关系，二者之间的内在矛盾蕴含着发挥思想政治教育作用的一定空间，同时精神生产对于物质生产的反作用也是之后说明思想政治教育作用的理论前提。

第一，在“真正的分工”存在的前提下，精神生产与物质生产之间必然而且一定会产生矛盾。马克思在《德意志意识形态》中详尽地分析了精神生产和物质生产之间矛盾产生的过程。以脑力劳动和体力劳动的分工为分水岭，精神活动和物质活动、享受和劳动、生产和消费的主体由同一个人转变为不同的个人，这种情况不再只是一种潜在的可能，而且成为了确凿无疑的现实。因此“生产力、社会状况和意识，彼此之间可能而且一定会发生矛盾”。① 由此推论，“纯粹的”理论、神学、哲学、道德等也一定会同现存的关系发生矛盾，理论、道德、哲学在理想状态中直接反映的是现存生产关系的状况，但现实的情况打破了理想状态，理论、道德、哲学的发展常常超前或滞后于现实的生产关系。可以说，理论、道德、哲学作为精神生产出来的精神产品通常反映的是现存的社会关系同现存的生产力之间发生的矛盾，而要使精神生产与物质生产彼此之间不发生矛盾，马克思认为唯一的办法只有再消灭分工。

第二，马克思唯物史观与以往哲学本质性的区别之一，就是从物质实践出发去理解人的思想和观念的发展，从而得出了人的精神生产是由

---

① 《马克思恩格斯选集》(第1卷)，北京：人民出版社1995年版，第163页。

物质生产所决定的结论。《德意志意识形态》针对的是青年黑格尔派将意识、精神的作用无限放大的缺陷，马克思反对青年黑格尔派认为只停留在思想上“批判”，而不触及任何现实关系就能解决德国问题的思想。因此，马克思在《关于费尔巴哈的提纲》和《德意志意识形态》中都反复地重申“哲学家们只是用不同的方式解释世界，问题在于改变世界”①的主张。

但是，客观地说，马克思和恩格斯在早期思想发展中为表明反对青年黑格尔派的立场和态度，对物质与精神的关系做过一种过于偏向于强调“物质对精神决定性”的解释，例如《德意志意识形态》中多处对于两者关系的论述，以及马克思在边注中对“人的意识的生产”的说明，人生产自己的生命必须采取一定的方式，而这种方式是“受他们的肉体组织制约的，人们的意识也是这样受制约”②。这种具有一定偏向性的解释固然达到了论战的目的，但也存在着对“精神对物质的反作用”阐释不足的问题。恩格斯晚年关于唯物史观的四封通信中就对此问题产生的原因做出了解释，并且重新解释了唯物史观中“物质与精神关系”的完整思想，重点强调了“意识是怎样产生的”以及“意识的反作用”问题。在1893年7月14日致弗·梅林的信中，恩格斯解释了与马克思首先把理论阐释的重心放置在政治的、法的和其他意识形态的观念首先是从经济事实中得出，这种做法是为了迎合当时与敌人论战的需求，不过这种做法也存在着一定的问题，“我们这样做的时候为了内容方面而忽略了形式方面，即这些观念等等是由什么样的方式和方法产生的。”③

马克思所强调的人的意识发展对人的物质生产的反作用，正是思想政治教育所发挥的作用。在马克思那里，人的精神生产是与物质生产同时产生与开展的，二者是一种“共生”的关系。在一般的意义上，精神生产就

---

① 《马克思恩格斯选集》(第1卷)，北京：人民出版社1995年版，第136页。
② 《马克思恩格斯选集》(第1卷)，北京：人民出版社1995年版，第160页。
③ 《马克思恩格斯选集》(第1卷)，北京：人民出版社1995年版，第642页。

是人的思想观念的生产及再生产过程，这个过程会通过影响人的现实物质生产活动从而构成人的物质生产的一个现实条件，并且在阶级社会中，精神生产的过程或产品都会成为统治阶级进行精神统治的工具，或者是为被统治阶级所用，成为一种反抗统治阶级的精神武器。

第三节　马克思思想政治教育理论形成期的主要观点

正是在运用唯物史观的方法对人的意识的生产进行宏观考察的背景之下，马克思对于思想政治教育问题的研究范围也更加明晰，更加关注于“人的思想观念”“人的精神”的领域。马克思在这一阶段界定了思想政治教育的基本内涵，伴随着唯物史观的建立，马克思还着手从物质生产实践的角度科学地论证了思想政治教育这种具有强烈政治色彩的教育活动产生的原因与发展的历程，确立了以“现实的人”为思想政治教育的出发点，并且详尽地阐明了“共产主义运动”与无产阶级思想政治教育之间的关系。

一、思想政治教育的基本内涵

在《1844 年经济学哲学手稿》中，马克思受费尔巴哈人本主义的影响，从人的类本质和动物相区别的角度把精神生产理解为人特有的生命活动和存在方式，是“真正的生产”、“按照美的规律来建造”的生产。马克思在其思想政治教育理论创立的初期，虽然在批判德国古典哲学和资产阶级经济学家的过程中隐约看到了精神生产本质中人与动物相区别的方面，但他在这一时期的思想不可辩驳地带有把人的本质“永恒化”“抽象化”

“绝对化”的隐患①，马克思只看到了人与动物的区别，但没有看到不同时代、不同社会中人与人之间的差异。

随着马克思思考的深入，在《德意志意识形态》中，他尝试从社会分工着手，在历史的维度中对思想政治教育的产生进行说明，进而在此过程中澄清思想政治教育的基本内涵。“思想、观念、意识的生产最初是直接与人们的物质活动，与人们的物质交往，与现实生活的语言交织在一起的。观念、思维、人们的精神交往在这里还是人们物质关系的直接产物。表现在某一民族的政治、法律、道德、宗教、形而上学等的语言中的精神生产也是这样”。② 马克思认为，从认识论的角度来看，人最初的意识是对其所从事的物质生产的直接反映，是一种“直接的实践的意识”，这种意识更偏重于对实践的“反映”而非“生产”，所以这种“直接的实践的意识”与人的现实生活处于胶着的状态。

随着社会生产力的发展，社会生产方式发生变革，人的体力劳动与脑力劳动分离，“直接的实践的意识”随着其存在的物质基础的消失而消失。人类社会进入阶级社会之后，出现了“意识形态家”群体，他们专职负责“生产”社会的观念结构，如某一民族或国家的政治、法律、道德、宗教和哲学观念。自此之后，“社会意识反映社会存在”与唯物史观“人们是自己的观念、思想等等的生产者”③ 的观点两者互相联系、互相补充，社会意识对社会存在的“反映”发生在精神、意识、思想、观念的“生产”过程中，精神意识的“生产”又涵括了“反映”的过程。④

---

① 景中强：《马克思精神生产理论研究》，北京：中国社会科学出版社 2004 年版，第 114 页。

② 原文引自《马克思恩格斯文集》（第 1 卷），北京：人民出版社 2009 年版，第 524 页。但李文成在《马克思主义的“精神生产”概念的含义》一文中提出译文应为“表现在某一民族的政治、法律、道德、宗教、形而上学等等的语言中的精神生产也是被人们的物质活动所决定的。”

③ 《马克思恩格斯文集》（第 1 卷），北京：人民出版社 2009 年版，第524 页。

④ 李文成：《马克思主义的“精神生产”概念的含义》，载《复旦学报（社会科学版）》，1986 年第 1 期。

因此，从马克思精神生产的视角纵观人的观念、意识产生发展的过程，不难发现，从一般的意义上说人的精神生产分为两个层次，一是“思想、观念、意识的生产”，二是“政治、法律、道德、宗教、形而上学”等社会意识形式的生产。

第一个层次包涵的范畴最广，可以理解为是人的日常意识的生产，是人们在从事生产劳动过程中产生的直观感受和观点，它是孕育道德、宗教、艺术，乃至政治、法律和科学的土壤，但却不能与之划等号。马克思认为，并不能将思想政治教育这种具有强烈政治色彩的教育活动理解为一种关注人的全部日常意识的教育活动，因为人的日常意识包含的范围过于宽泛，不可能被全部纳入政治教育活动的对象中。但是有一点需要注意，人的日常意识中暗含着有可能转化为“社会心理”的因素，这些因素却是思想政治教育关注的重点。因为，“社会心理”是人作为“社会人”在日常生活中形成的初级“阶级意识”，它所反映的是社会成员对本阶级生存状况和发展期望的意识反映和心理期待。它是阶级成员在共同的物质生产活动中，在一定的经济政治条件下，形成的具有共通性和共同性的感受、愿望、信念和意志。这种“社会心理”在某种条件下是对统治阶级统治合理性和合法性的一定反映，直接关涉统治阶级制定政治和观念上层建筑的决策，对“意识形态”的生产活动具有重大的影响。

精神生产的第二个层次是“政治、法律、道德、宗教、形而上学”等社会意识形式的生产。这里有一点需要补充，虽然马克思在《德意志意识形态》中只提到了“政治、法律、道德、宗教、形而上学”① 的生产，但是，马克思在之后的著作中又多次提到了“艺术生产”和“科学生产”②。由此可见，社会意识层次的精神生产总的来说包括科学和意识形态的生产两部分。但这并不是说科学与意识形态是截然分离的，科学包含自然科学

① 《马克思恩格斯文集》(第 1 卷)，北京：人民出版社 2009 年版，第524 页。

② 《马克思恩格斯全集》（第 26 卷）第 1 册，北京：人民出版社 1972 年版，第 169、296、377 页。

和社会科学两部分，但两者都不可避免地带有意识形态性。具体说来，社会科学本身就是意识形态的组成部分，自然科学在历史上也曾被资产阶级作为宣扬资本主义意识形态的武器反对封建主的统治。根据恩格斯表述的“意识形态是阶级的自我意识”的观点，我们可以把意识形态等理解为一个国家中占统治地位的阶级总体上对国家、社会精神状况的自我意识。①这正是思想政治教育所关注的核心问题，也是思想政治教育的核心范畴。也就是说，思想政治教育重点关注的是具有强烈政治色彩的，或者说是具有意识形态性的精神生产，因而不能将其泛化为一门无所不包的科学。

二、物质生产实践：思想政治教育产生的根源

思想政治教育从来就不是凭空产生的，无论是工具意义上的思想政治教育活动，还是崭新的无产阶级思想政治教育，都有其产生的根源，并经历了一定的发展历程。随着唯物史观的确立，马克思从物质生产实践，特别是从真正的分工促使人类生产实践发生的重大变革的角度出发分析了思想政治教育产生与发展的历程，论证了这种社会历史现象存在的客观性，并最终得出结论，思想政治教育是人类进入文明社会以来一种普遍而且客观存在的历史现象。

第一，分工直接催生人类对思想政治教育的需求。众所周知，原始社会的生产力发展水平极其低下，为了维持部落群体的共同生存，按照男性和女性生理特点的差异产生了自然的分工，男性负责狩猎，女性多负责采摘果实和照顾儿童。但在劳动的过程中，集体协作产生了群体内部思想沟通的需要。这种群体内部最初产生的对沟通的需求，成为了社会性劳动得以发生和发展的前提。

随着生产力的发展，分工造成了体力和脑力劳动的分离，也就是物质

① 俞吾金：《意识形态论》(修订版)，北京：人民出版社 2009 年版，第 15 页。

和精神劳动相分离，在这种状态下，社会生产力和社会意识彼此之间发生了矛盾，于是，不论是物质生产实践本身，还是物质生产实践活动中的实践主体都产生了对“思想政治教育”的需要。因此，分工是促使思想政治教育作为一种社会客观现象出现的最直接原因，可以从真正的分工与意识作为社会的产物两方面对此做出说明：

一方面，马克思认为分工只是从物质劳动和精神劳动分离的时候起才真正成为分工，区别于之前由于天赋、体力等因素产生的自发地或自然的分工。物质劳动和精神劳动的分离改变了“人们是自己的观念、思想等等的生产者”的状况，相反，与真正的分工同时出现的是意识形态家、僧侣的最初形式。在这个阶段上，统治阶级内部也出现了分工，一部分作为思想家出现，如意识形态家和僧侣作为“精神劳动的承担者”，负责观念和思想的生产；与此同时，统治阶级中的另一部分人作为意识形态家思想理论的“执行者”出现，他们再利用教育的手段方式将生产出的精神产品“意识形态”，即一定的阶级的自我意识，灌输给不掌握任何精神生产资料的物质劳动承担者。这就是思想政治教育产生之初最简单的运行机制。

另一方面，马克思认为“意识一开始就是社会的产物”，尽管意识起初只是对直接的、可感的环境的一种认识，但马克思特别强调真正的分工使人最初的“绵羊意识”或“部落意识”获得进一步的发展和提高，使意识才能“现实地想象”，此时的意识是与“现存实践的意识”不同的某种东西，它不用直接与现实、与实践发生关系，就能“现实地”想象与构建一种思想、一种理论或者一种规范，正是从此时起，“意识才能摆脱世界而去构造’纯粹的’理论、神学、哲学、道德等等”①。一旦意识开始脱离现实世界而独立存在，就必须面对精神生产的产品与现存的生产关系不相符合的问题，从根本上反映的是现存的生产关系与现存生产力之间的矛盾，为了弥合这种矛盾的紧张状态，就必须有“意识形态家”使用一定的方式方法说服教育对象，使其相信和信仰“意识形态家”生产出来的’纯

---

① 《马克思恩格斯选集》（第 1 卷），北京：人民出版社 1995 年版，第 82 页。

粹的’理论、神学、哲学、道德等等，以达到维持现存生产关系与生产力之间微妙的平衡状态，维护整个社会状况的稳定。这一过程就是一般意义上的作为社会现象的思想政治教育过程。总而言之，人类最初体力劳动与脑力劳动的分工直接促使人类对思想政治教育产生了需求。

第二，继真正的分工产生之后，分工的深化和发展最终导致了私有制和阶级的出现，这两者的结合孕育了“国家”的雏形，为凸显思想政治教育在阶级社会中的发展提供了一定的政治条件和环境。国家的出现强化了思想政治教育的阶级性，再次印证了思想政治教育这种社会现象的客观存在。

分工的发展造成了一对难以消除的矛盾，即“单个人的利益”与所有互相交往的个人的“共同利益”之间的矛盾。为解决这种矛盾，“共同利益”采取“国家”这种与实际的单个利益和全体利益相脱离的独立形式来缓和不同阶级之间的矛盾。在国家这种“虚幻的共同体形式”的内部，又不可避免地存在着两个阶级的斗争，即统治阶级和被统治阶级之间激烈的阶级斗争。统治阶级在阶级斗争中取得胜利掌握政权，自然而然地占有了物质生产和精神生产的资料，掌握了调配整个社会物质生产和精神生产的主动权。因此，“占统治地位的思想不过是占统治地位的物质关系在观念上的表现，不过是以思想的形式表现出来的占统治地位的物质关系：因而，这就是那些使某一个阶级成为统治阶级的关系在观念上的表现。因而这也就是这个阶级的统治的思想”。① 思想政治教育在此时要发挥的作用就是“赋予特殊的思想以普遍性的形式”，“每一个企图取代旧统治阶级的新阶级，为了达到自己的目的不得不把自己的利益说成是社会全体成员的共同利益。”② 这就要求统治阶级利用“思想政治教育”将维护统治阶级的利益要求做一种观念上的表达，即赋予统治阶级的思想以普遍性的形式，把它们描绘成唯一合乎理性的、有普遍意义的思想。

---

① 《马克思恩格斯选集》(第1卷)，北京：人民出版社1995年版，第550页。

② 《马克思恩格斯选集》(第1卷)，北京：人民出版社1995年版，第552页。

在一个国家中占据统治地位的阶级，必然追求在物质和精神层面都要牢固地占据统治地位，并且牢牢地掌握着绝对的统治权。因此，每一个取得统治地位的阶级都必然会从物质和精神两个方面对被统治阶级进行改造，物质方面的改造是通过制定经济政策、调整生产关系的方式实现的。精神方面的改造就必须依靠在统治阶级中扮演“意识形态家”角色的群体开展“一定的政治工作”来实现。统治阶级中的人作为“思维着的人”，作为“思想的生产者”进行统治，他们负责“调节自己时代的思想的生产和分配，这就意味着他们的思想是一个时代的占统治地位的思想”①。本着维护本阶级统治的目的，“意识形态家们”创制出一定的“意识形态”，这种“意识形态”作为“虚幻意识”对现实的“曲解”而存在，“意识形态家们”将统治阶级的利益说成是全体社会成员普遍的利益，并将体现本阶级意志的“意识形态”通过“灌输”的方式强加给社会的其他阶级，使其服从于统治阶级并竭力维护国家共同体的存在。

从精神生产的角度分析，造成国家出现的阶级矛盾并不囿于经济和政治利益的矛盾，其中必然包含着不同观念、思想之间的冲突与矛盾。各个人因其进行物质生产的方式不同，其所处的阶级地位和社会关系相异，必然会在追求实现自身特殊利益的前提下，形成各个人的观念与认识。处于同一阶级的个体可能由于其生产方式的相同而产生出具有相似性的属于某一阶级特有的意识，但是国家作为平衡各个阶级利益冲突的机构，必须要努力寻求不同阶级利益的共同点以“制造”出某种适合于所有阶级的“普遍”利益，从而达成粘合各阶级意志以维护国家在意识观念上完整统一的目的。这就是思想政治教育在维护阶级统治时发挥的实际作用，此过程就是阶级社会中思想政治教育的作用机制。

马克思恩格斯在《共产党宣言》开篇就直截了当地指出“至今一切社会的历史都是阶级斗争的历史”②，恩格斯在 1888 年英文版对这句话加以

① 《马克思恩格斯文集》(第 1 卷)，北京：人民出版社 2009 年版，第551 页。
② 《马克思恩格斯选集》(第 1 卷)，北京：人民出版社 2012 年版，第400 页。

注解，指出这里的“历史”是指有文字记载的全部历史。这句话点明了马克思恩格斯用阶级分析的方法来考察人类社会的发展，国家正是在阶级斗争的过程中作为不同阶级矛盾不可调和的产物出现。无论在奴隶社会、封建社会、还是资本主义社会，人类社会的成员无一例外地分属于不同的阶级，并从属于相互对立的地位，在领主和农奴，行会师傅和帮工作为压迫者和被压迫者之时，必然会进行持续不断的，或者隐蔽，或者公开的斗争，在这种斗争中，统治阶级和反抗统治的阶级都必然需要一定的思想统摄人心，尤其是革命斗争的阶级必然需要凝聚战斗力的思想和意志，需要用理想和信念争取人心和舆论的支持，同时还要“掀起瞬间革命的热潮”，并且用先进的思想和理念吸引更多的民众参与斗争，组建斗争的队伍与敌对阶级抗争，与此同时，还要用一定的方法瓦解敌人的意志。这些思想、意志、理念和一定的工作方法都作为思想政治教育的一部分在阶级斗争中发挥着实际的重要作用。

从这一点上看，思想政治教育在人类进入文明社会之后，尤其是在阶级社会中是普遍存在的，这也是思想政治教育科学性的例证之一。因为思想政治工作就是要“用国家这种虚幻的‘普遍’利益来对其成员或公民进行实际的干涉和约束”，从而使国家公民的思想得以统一，形成有利于国家稳定发展的共识，最终“赋予特殊的思想以普遍性的形式”，用“虚幻的意识形态”在思想观念上使教育对象接受“统治阶级的利益就是全体社会成员共同的利益”，从而达成“统治阶级的思想在任何时代都是占统治地位的思想”实然和应然的统一。

三、“现实的人”：思想政治教育中的“人”

马克思恩格斯撰写《德意志意识形态》时完全褪去了《手稿》中人本主义的烙印，对精神生产主体的理解从“抽象的人”完全转向了“现实的人”，从而对精神生产主体做出了科学的定义。自此，也奠定了马克思思想政治教育理论从“现实的人”出发考察人的思想观念发展变化的基点，正是从这一点出发，马克思也深刻地认识到，“思想政治教育”中的“人”并非是抽象的人，而是具体的人、活生生的人、现实的人。

马克思对“现实的人”的认识一方面建立在对英国工人真实生产生活的考察之上，另一方面是建立在批判黑格尔抽象的“精神的人”和费尔巴哈抽象的“自然人”的基础之上。部分工人从拥有小块的农民或小手工业者沦为城市无产者，一天工作时间远远超过十二小时却处于“与妻儿一起，长达数月地忍受饥饿和匮乏”的赤贫状态，生产工具飞速更新，生产效率飞速提高，工人生活水平却随之飞速下降，贫困的境况日益严重。马克思对工人的真实生活展开了详细的考察，从而能够在理论上对如何认识现实生活中的人加以总结。马克思在理论上批判了费尔巴哈使“人杀死了神”，但是旋即又陷入了将“人”变为“高高在上的唯一的神”的漩涡，从而将人推向另一个神坛的错误。继而马克思又批判了鲍威尔和施蒂纳把“类”或“唯一者”当作了新的抽象的错误，马克思认为青年黑格尔派从“宗教的人”出发对人的认识是其最大的失误，他们的出发点实质上是现实的宗教和真正的神学，因此导致整个德国哲学的批判都局限于对宗教观念的批判，他们只是把“人”从在圣灵那里的一个谓词转变为一个主词，这里的“人”仍然是抽象的人的概念。

马克思在《德意志意识形态》中建构了唯物史观的社会结构理论和方法，用“物质生活”“物质生产方式”以及“生产力”“交往关系”等概念来勾勒出对“现实的人”的理解，并且以“现实的人”为出发点，来阐释人的意识、思想、观念的产生与发展，最终把具体的人、个体的人视作历史的主体，排除以往哲学家对人的抽象。

第一，“现实的人”必须依赖一定的自然条件获得生存。马克思批判黑格尔幻想出来的“精神的人”不食人间烟火，他认为“现实的人”是处在可以通过经验观察到的、在一定条件下进行的发展过程中的人。这里的“一定条件”就是指人为了维持自身生存，必须依赖于从自然界获得必须的物质生活条件、物质生产资料。人不是活在“头脑”中被幻想出来的，而是生活在自然界中依靠物质能量交换而生存的人。一方面，人要依靠自然界提供的空气、水、土地等适宜人生活的自然条件；另一方面，人要在改造自然界的过程中，从自然界获得进行进一步生产活动的物质生活条件，这部分是依靠人的能动性，通过人的活动所创造出来的。

第二，“现实的人”就是“他们的活动和他们的物质生活条件”①。马克思认为人使自己与动物区别开来的第一个历史活动就是从事物质生产活动，“生产自己所必须的生活资料”。人能够按照自己的目的进行生产，一旦开始物质生产活动，人的基本生存需求得到满足，自然而然就会有新的需要被生产出来，新的需求又会催生新的生产方式以及生产工具的更新，产生新的生产关系。“现实的人”必然受到生产力发展的一定阶段以及与在这种发展阶段所产生的交往的制约，要想了解人的现实情况，就要了解他进行生产的方式和所生活的状态。

第三，“现实的人”是在一定“交往关系”中生产生活的“社会人”。人是一种群居的动物，不存在离开群体可以独立生存的人，“现实的人”也不是一种处于固定不变状态中的人，人的生存状态的变化和生产方式的变化都会使人本身发生变化。马克思在《德意志意识形态》中所使用的“交往形式”（Verkehrsform）“交往关系”的概念和在《资本论》阶段所使用的“生产关系”的概念所指是相同的，都是指人与人在生产生活之中结成的一定关系。个人彼此之间的交往是生产的前提，分工协作使每个人都成为生产链条的一环，彼此互相依赖，共同推动生产向下一个环节发展。因此，对“现实的人”的考察不仅要深入其所进行的物质生产中，更要进一步从其在生产中所结成的社会关系进行综合的考察。

第四，“现实的人”的意识是从生产生活的过程中产生的。马克思批判德国哲学家从“宗教的人”出发，对人所做的抽象理解是一种“从天国降到人间”的解释方式，这种考察方法从意识出发，把“意识”看作是

① 《马克思恩格斯选集》（第1卷），北京：人民出版社2012年版，第146页。

"有生命的个人"。与"德国哲学家"完全相反的是，马克思要做的是使对人的考察"从人间升到天国"。从"现实的人"出发，"从他们的现实生活过程中还可以描绘出这一生活过程在意识形态上的反射和反响的发展。"① 从人的实现生活过程出发对"思想""观念"所做的考察，可以发现人的意识以及其他的意识形态就失去了独立性的外观，只有发展着自己的物质生产和物质交往的人们，才能在改变自己的这个现实的同时也改变着自己的思维和思维的产物，不存在无根的意识。因此，马克思从现实的、有生命的个人本身出发，把意识仅仅看作是他们的意识，这种对人的意识、思想所做的唯物主义考察，是符合现实生活的考察方法。

马克思用"视网膜成像""照相机成像"的譬喻说明物质基础在人的意识产生中的作用。观念无论是"现实的"或者是"虚幻的"，它们都是人的现实关系和活动、人的生产和他们的交往以及人的社会组织和政治组织有意识的表现。同时，马克思反复强调对"现实的人"的考察，时刻要以人所处的现实条件为前提，这个前提不是僵化的，而是始终处于变动之中，只有在"现实生活"面前，"纯粹的思辨"才得以终止，"真正的实证科学"才得以掌握了描述人们实践活动和实际发展过程的路径。这一点对于思想政治教育考察"现实的人"的思想观念具有重要的启示意义。

思想政治教育对人的思想观念的考察必须从"现实的人"出发，也要把思想政教育中的教育者和教育对象都视为"现实的人"，要认识到人的"思想""观念"和"意识"并不是独立存在的，它的产生是有其根源的，追溯其原因必须从"现实的人"身上寻找。最为有效的途径是，从人所表达出的思想观念表象深入到现实的人所从事的具体的生产，以及人所处的具体的社会结构和政治结构中，再进一步分析他所表达的思想观念产生的深层原因并对这种思想观念未来的发展变化做出预判。

---

① 《马克思恩格斯选集》(第 1 卷)，北京：人民出版社 2012 年版，第151 页。

四、相伴相生：共产主义与思想政治教育的关系

《共产党宣言》作为战斗檄文，充满着浓浓的火药味，但又是对此阶段无产阶级革命的理论总结，蕴含着马克思关于思想政治教育问题的思想精华。为准备撰写《共产党宣言》，马克思和恩格斯一方面结合自己实际参与无产阶级革命斗争的经验，另一方面冷静地对世界资本主义发展的现状与趋势进行了理性的分析，并且还对欧洲大陆上几次大规模工人起义的经验进行了总结。《共产党宣言》作为全世界共产党人最早的党纲，向全世界公开说明马克思主义理论的第一个纲领性文件，一经问世便受到了广泛的关注，《共产党宣言》不仅对指导无产阶级思想政治教育活动的开展具有纲领性的意义，并且对于认识无产阶级思想政治教育“是什么”以及无产阶级思想政治教育与共产主义运动之间的关系都具有重要的意义。

马克思娴熟地运用唯物史观的方法对革命所面临的形势和无产阶级思想政治教育如何在革命斗争中完成目标进行了犀利透彻的分析。马克思认为，无产阶级思想政治教育一刻也没有离开过共产主义运动，无产阶级思想政治教育就是共产主义运动的一部分，随着共产主义运动轰轰烈烈地展开，无产阶级思想政治教育不断发展成熟，当共产主义革命运动取得胜利的时刻，也是无产阶级思想政治教育完成自身使命的时刻。

第一，共产主义是现实的运动，马克思所追求的人的“解放”是一种历史活动，而不是思想活动，人的思想解放必须在实现人的物质解放的前提下才能实现。马克思在《共产党宣言》中明确地说明了共产主义的性质，共产主义是一场旨在彻底消灭私有制、消灭社会现存状况的运动，“共产主义对我们来说不是应当确立的状况，不是现实应当与之相适应的理想。我们所称谓共产主义的是那种消灭现存状况的现实的运动。”①

① 《马克思恩格斯选集》（第 1 卷），北京：人民出版社 2012 年版，第 166 页。

按照唯物史观从人的生产生活和所处社会关系的实际出发去分析人的思想观念的分析方法，马克思在共产主义运动中所追求的“人的解放”或“真正的解放”毫无疑问是一种历史活动，而绝不是局限于思维领域的纯粹的思想活动。马克思在《德意志意识形态》中也曾强调，“只有在现实的世界中并使用现实的手段才能实现真正的解放”。① 马克思列举了蒸汽机、珍妮走锭精纺机在消灭奴隶制时，改良的农业在消灭农奴制时所作的贡献。马克思再三强调，满足人的基本生活需求是人追求“真正的解放”的基础，必须在生产力得到极大发展的条件下才能期待人的思想得以解放的可能。因此，“人的解放”是一种历史活动，伴随着人的物质解放的实现，人的“思想解放”才有可能实现。

第二，共产主义意识与共产主义运动的关系。马克思认为，共产主义的意识并非是“无根之木”，共产主义运动才是培育共产主义意识的土壤，无产阶级群众只有在实际参与共产主义运动的过程中才有可能产生“共产主义意识”。

马克思在阐述共产主义运动的过程中最为彻底地运用了“实践”的思维方式，马克思强调共产主义运动的目标就是要“改变现存世界”，并指出对共产主义者来说，解决现存全部问题的关键就在于“使现存世界革命化，实际地反对并改变现存的事物”②。正是在使世界革命化的过程中，马克思认为“共产主义意识”的“产生”才是有可能的。“无论为了使这种共产主义意识普遍地产生还是为了实现事业本身，使人们普遍地发生变化是必需的，这种变化只有在实际运动中，在革命中才有可能实现”③，除此之外，马克思还说明了之所以强调无产阶级必须实际参与共产主义运动的原因，马克思认为参与无产阶级革命斗争的实践是对无产阶级头脑的一次清洗，承担着推翻统治阶级使命的“无产阶级”只有在革命中才能“抛掉

① 《马克思恩格斯选集》（第1卷），北京：人民出版社2012年版，第154页。
② 《马克思恩格斯选集》（第1卷），北京：人民出版社2012年版，第155页。
③ 《马克思恩格斯选集》（第1卷），北京：人民出版社2012年版，第170页。

自己身上的一切陈旧的肮脏东西”，才能成为共产主义运动胜利之后建设新社会的新基础。

马克思批判共产主义运动之前种种所谓的“改革”和“革命”都始终没有改变统治阶级对物质生产资料和精神生产资料的占有方式，它们只是做到了在另外一些人中间重新分配这些劳动。但是，马克思强调“共产主义革命”与这些“改革”和“革命”根本不同的是，共产主义革命则针对活动迄今具有的性质，消灭在资产阶级统治下活动的形式，并“消灭任何阶级的统治以及这些阶级本身”。

第三，“共产主义的意识”的归属问题。马克思认为，“共产主义的意识”的阶级归属是无产阶级，但并不排除其他阶级产生“共产主义的意识”的可能性。马克思明确地指出，“一定时代的革命思想的存在是以革命阶级的存在为前提的。”① 马克思分析资本主义社会生产力的发展必然会造成一种“灾难”，即资本主义大工业条件下产生出来的生产力和交往手段在资本主义的生产关系下必然会发展到这样一个阶段，资本主义的生产力已经不是“生产的力量”，而是“破坏的力量”，它本身已经蕴含着埋葬资本主义的力量。尤其是与此同时，这种生产力和生产关系不可避免地孕育了被资产阶级压榨得一无所有的“无产阶级”，这个阶级“必须承担社会的一切重负，而不能享受社会的福利，它被排斥于社会之外，因而不得不同其他一切阶级发生最激烈的对立”②。

马克思认为，随着资本主义生产方式在全世界的发展，随着贸易自由的实现和世界市场的建立，无产阶级虽然在一国之内产生，但不同国家中无产阶级的差异会越来越小，他们必然会实现世界范围内的联合。马克思发出了强有力的呼吁“工人没有祖国！”一方面号召全世界无产者联合起来，另一方面号召无产阶级认清资产阶级的面目，联合起来推翻反动的“祖国”。马克思认为正是这个阶级会产生“必须实行彻底革

---

① 《马克思恩格斯选集》（第1卷），北京：人民出版社2012年版，第179页。
② 《马克思恩格斯选集》（第1卷），北京：人民出版社2012年版，第170页。

命”的意识，即“共产主义的意识”。但是，马克思并不绝对排斥资本主义生产条件下另外的阶级也会产生这种意识，前提是“只要它们认识到这个阶级的状况”①。

第四，马克思是在对资本主义社会中“阶级的教育”的批判中，来阐述“无产阶级思想政治教育”的教育目标、教育内容和实现方式的问题。

马克思批判敌视共产主义的资产阶级，他们将对共产主义物质产品占有方式和生产方式的责备，扩展到“精神产品”的占有和生产方面。马克思反驳道，“你们的观念本身是资产阶级的生产关系和所有制关系的产物”②“你们的利己观念使你们把自己的生产关系和所有制关系从历史的、在生产过程中是暂时的关系变成永恒的自然规律和理性规律。”③马克思强调论战双方争论的前提不同，资产阶级将他们所生产出来的“自由”观念和阶级的“教育”方式强加给全人类，并“声称”这些观念和教育是人类文明的最高级，具有永恒的和最高的价值，这种做法完全是在自说自话，是打着全人类的幌子冠冕堂皇地为自己的利益辩护，而共产党人则与此完全相反，我们要做的就是光明磊落地完全地、彻底地推翻资产阶级所有制，从而建立起全新的体制。

资产阶级将“阶级的所有制的终止”视作“生产本身的终止”，也将资产阶级的“阶级的教育”视作“一切教育的终止”，事实真的是这样吗？马克思用一句话有力地击溃了这种荒谬的逻辑，“资产者唯恐失去的那种教育，对绝大多数人来说是把人训练成机器。”④ 马克思认为“教育”是一种对人类精神产品的占有和生产的形式。按照唯物史观的观点，精神生产随着物质生产的改造而改造。应该从现实的生产和生活中，从人们的社会关系中去理解和说明“教育”的问题。

① 《马克思恩格斯选集》(第 1 卷)，北京：人民出版社 2012 年版，第 170 页。
② 《马克思恩格斯选集》(第 1 卷)，北京：人民出版社 2012 年版，第 417 页。
③ 《马克思恩格斯选集》(第 1 卷)，北京：人民出版社 2012 年版，第 417 页。
④ 《马克思恩格斯选集》(第 1 卷)，北京：人民出版社 2012 年版，第 418 页。

在马克思的分析中，资产阶级的阶级教育产生和存在于资产阶级的社会关系之中，而马克思要做的，就是通过无产阶级革命完全打破资产阶级现存的社会关系和生产关系。在这个前提之下，无产阶级思想政治教育的任务是消灭"阶级的教育"，消除资产阶级社会关系由社会通过学校对"教育"产生的影响，并且最终用"社会教育"代替资产阶级的"家庭教育"，"共产党人并没有发明社会对教育的作用；他们仅仅是要改变这种作用的性质，要使教育摆脱统治阶级的影响。"①

但是，"共产党一分钟也不忽略教育工人尽可能明确地意识到资产阶级和无产阶级的敌对的对立"②，具体到无产阶级思想政治教育的策略和方法上，马克思明确地指出，在革命的初期，无产阶级思想政治教育"把自己的利益说成是普遍的利益"是一种策略，"每一个力图争取统治的阶级，即使它的统治要求消灭整个旧的社会形式和一切统治，就像无产阶级那样，都必须首先夺取政权，以便把自己的利益又说成是普遍的利益，而这是它在初期不得不如此做的。"③

第五，共产主义革命就是要实现"两个决裂"，无产阶级思想政治教育的任务在于，在共产主义革命的发展进程中要同传统的观念实行最彻底的决裂。马克思在《共产党宣言》中提出，"共产主义革命就是同传统的所有制关系实行彻底的决裂；毫不奇怪，它在自己的发展进程中要同传统的观念实行最彻底的决裂。"④ 第一个"决裂"是指经济关系的彻底变革，第二个"决裂"就是指"实现观念"的彻底变革。这里有两个问题需要说明，第一，怎样才能实现"同传统的观念实行最彻底的决裂"；第二，无产阶级思想政治教育要与之决裂的"传统的观念"是指什么。

---

① 《马克思恩格斯选集》（第1卷），北京：人民出版社2012年版，第418页。

② 《马克思恩格斯选集》（第1卷），北京：人民出版社2012年版，第434页。

③ 《马克思恩格斯选集》（第1卷），北京：人民出版社2012年版，第164页。

④ 《马克思恩格斯选集》（第1卷），北京：人民出版社2012年版，第421页。

按照马克思的逻辑，既然人与人之间的精神关系是在物质生产的关系中结成的，那么，要消灭旧的精神关系，其途径无疑就是要消灭旧的物质生产关系，马克思以列举历史史实的方式来说明“使整个社会革命化的思想”是怎样随着物质生产关系的变化而变化的。从古代的宗教思想到基督教，再到启蒙思想，以及封建思想与资产阶级信仰自由和宗教自由思想的斗争，直到现在“自由竞争”的观念不过也只是资本主义经济发展条件下的应运而生。这一方面表明了精神生产的过程，另一方面说明了精神在某种程度上是社会变革的先导，或者说是精神的变革要先于社会物质生产方式的变革。

按照上述逻辑，无产阶级的历史使命首先是消灭资本主义的物质生产关系，进而消灭阶级，在此前提下，才能消灭“阶级的教育”。马克思恩格斯认为，无产阶级要实现自己的历史使命，就必须利用自己的政治统治，采取措施对所有权和资产阶级生产关系实行强制性的干涉，其中有一点就是“对所有儿童实行公共的和免费的教育。取消现在这种形式的儿童的工厂劳动。把教育同物质生产结合起来。”①

无产阶级思想政治教育要实现的教育任务中与之决裂的“传统的观念”并不是以往社会积累沉淀的“文化传统”，而是指与以往阶级社会经济关系相对应的思想观念，更具体地说，是在私有制基础上形成的观念与意识。马克思认为与“传统的观念”的决裂是建立在第一个“决裂”的基础上的。只有与传统的所有制关系实现彻底的决裂，才可能与反映私有制关系的观念彻底决裂。当全部生产集中在“联合起来的个人”的手里的时候，阶级差别在发展进程中消失了，同传统观念的决裂才能实现，“教育”的阶级性才能被消除。

在马克思的语境中，无产阶级思想政治教育在共产主义革命中在一定的条件下发挥“工具性”的作用，在发动革命的初期努力唤醒无产阶级的

① 《马克思恩格斯选集》（第 1 卷），北京：人民出版社 2012 年版，第 422 页。

阶级意识，鼓动无产者参与到实际的斗争中，使教育对象的阶级意识从“不自觉”走向“自觉”。但是在共产主义革命取得胜利之后，在“每个人的自由发展是一切人的自由发展的条件”的“联合体”中，无产阶级思想政治教育随着共产主义革命的胜利也完成了自身的历史使命，伴随着生产力的极大发展、物质财富的充分涌流以及人与人之间社会关系的变革，工具意义上的无产阶级思想政治教育消失了，自此，对人的思想观念的教育活动转变为一种“社会的教育”。

本章小结

1845—1848 年是马克思思想政治教育理论基本形成的阶段。在此阶段，马克思撰写的诸多著作对其思想的发展都具有里程碑的意义，当然，马克思与恩格斯合作撰写的《德意志意识形态》更是一部无论对人类认识世界还是改造世界都具有丰碑意义的著作。《德意志意识形态》公开出版问世表明马克思和恩格斯发展了《1844 年经济学哲学手稿》中合理的部分，剔除了其中带有人本主义色彩的部分，使科学的精神生产概念、范畴等理论雏形基本形成。

在 1883 年《共产党宣言》德文版序言中，恩格斯精辟地总结了马克思唯物史观的精髓，“每一历史时代的经济生产以及必然由此产生的社会结构，是该时代政治的和精神的历史的基础”。① 人类社会发展的动力是经济生产，从经济生产中产生一定的社会结构，在社会结构的基础之上才能构建起一定的政治和精神。这一点恰恰突出地说明了马克思思想政治教育理论基本形成期与萌芽期的不同。

马克思在思想政治教育理论基本形成期已经能够熟练地运用唯物史观的分析方法，将观察工人运动兴起、发展、失败的过程与个人实际参与组

① 《马克思恩格斯选集》（第 1 卷），北京：人民出版社 2012 年版，第 380 页。

织领导工人运动的经验相结合，从理论上进行总结，进而抽象出更为一般的对人类社会历史发展的认识。这其中必然包括对“人的意识”随着人类社会历史进程发展变化的部分，无论从《德意志意识形态》，还是从《哲学的贫困》《共产党宣言》中都明显地可以看出马克思相较于之前的阶段越来越多地在实际的工人运动中考虑发挥人的思想观念的作用。

正是这种实践的需求，也从另一个侧面促进了马克思对“精神生产”做多维度的考量。一方面，精神生产作为社会全面生产的一维，毫无疑问会与社会生产的其他方面发生种种联系，在一定的条件下，精神生产通过人的能动性的发挥会对物质生产产生巨大的推动作用。另一方面，“精神生产”是人作为“思想观念”的“生产者”，对其所处的社会生产与生产关系的一种认识。这一方面正是思想政治教育所关注的核心问题，同时也留给思想政治教育大有可为的空间。

从马克思在此阶段表露的思想可以得出结论，思想政治教育不仅是一项具体的工作，思想政治教育也指称伴随着人类体力劳动与脑力劳动分工而产生的一种社会现象。阶级的出现和国家作为阶级矛盾调和物的产生，更是凸显了思想政治教育现象的存在和实际作用。

但是，“思想政治教育”无论作为一种工作，还是作为一种社会现象，都是一种“历史性”的存在。按照马克思恩格斯的设想，当全世界无产者联合起来在世界范围内推翻资产阶级的革命取得成功后，人类社会将步入共产主义阶段。在共产主义社会中，国家和阶级因其存在的基础消失而消失，资产阶级社会作为“阶级的教育”的思想政治教育现象自然而然也消解了，取而代之的是全体社会成员自觉自愿的自我教育。正如马克思恩格斯本人能超越自身的阶级局限，站在无产阶级的立场上为全世界无产者的利益而斗争，无产阶级思想政治教育从诞生之时就是以促成“人的精神解放”为目的，在遵从科学社会主义规律的前提下，以促进全体社会成员实现人的解放为最高价值指向。

不过，马克思思想政治教育理论体系在此阶段还没有完全达到成熟完善的地步。从哲学高度对精神生产以及思想政治教育的认识最终要回到对现实问题的分析以及对实践的指导中去。随着马克思重拾之前对经济领域问题的研究，以《资本论》的完成为标志，对于政治经济学的研究达到成熟的阶段，马克思不仅对资本主义精神生产认识深入其肌理，更重要的是，马克思从中抽象出精神生产的一般性规定，并且提出一系列对思想政治教育实践具有指导意义的原则和方案，他的思想政治教育理论也随之走向成熟和完善。

第四章　1849—1883年：马克思思想政治教育理论成熟期

理论形成期的著作为马克思精神生产理论的成熟奠定了哲学的基础，在本阶段，马克思将政治经济学的研究架构在唯物史观的基础之上，对经济领域展开的研究为精神生产理论研究提供大量丰富的实证资料的同时，也为对人的思想、意识、观念的研究提供了新的视角。在唯物史观哲学架构的前提下，马克思根据欧洲瞬息万变的革命形势和领导工人阶级进行革命斗争的经验，分别从政治批判和经济批判两条线索深入考察了资本主义社会发展过程中的矛盾和规律。这段时间是马克思收获最为丰厚的时期，也是理论研究的巅峰时期。马克思在此阶段撰写的代表作有：《路易·波拿巴的雾月十八日》（以下简称《雾月十八日》）、《政治经济学批判》及其序言导言、《资本论》和《哥达纲领批判》。

马克思研究政治经济学问题缘于1842至1843年担任《莱茵报》主编期间“第一次遇到要对所谓物质利益发表意见的难事”①。自《德法年鉴》被迫停刊后，马克思开始在巴黎着手对资产阶级古典政治经济学进行研究，中间由于遭受政治迫害不得不中断研究工作。1848至1849年，革命的风潮席卷了整个欧洲大陆，但是无产阶级革命在资产阶级反动势力和封建势力的双重打击之下接连遭遇失败，马克思被反动政府驱逐，在颠沛流

① 《马克思恩格斯选集》（第1卷），北京：人民出版社2012年版，第1页。

离的流亡生活中开始反思无产阶级革命失败的原因。在《雾月十八日》中，马克思将无产阶级革命失败的原因归结为无产阶级阶级意识还在从不觉悟到觉悟的道路上行进，而革命的现实经济条件也远未成熟。

马克思于1850年重新回到经济学研究中，五十到六十年代堪称是马克思经济学研究硕果累累的时期。基于之前所创立的唯物史观的观点和方法，经济学的研究将马克思的理论研究引入了对资本主义社会最为本质和根本的分析，使马克思的理论研究达到了最为辉煌的高峰。对于精神生产问题、无产阶级阶级意识问题的研究由一般的哲学研究逐渐深入到政治经济学的论证，开启了以实证为基础但又超越其上的研究思路，《资本论》既是马克思政治经济学研究的巅峰，也是马克思精神生产理论研究的辉煌著作。马克思完成创建《资本论》理论体系的伟大任务，提出了“剩余价值理论”。在这本伟大的著作中，马克思对资产阶级社会内部展开政治经济学的解剖，发现资本主义所宣扬的“自由”“平等”价值背后掩盖的是赤裸裸的资本支配劳动的关系，而商品拜物教、货币拜物教、资本拜物教则是对这种物质生活关系在精神领域中的反映。

总的来说，1849至1883年，随着革命斗争经验的丰富和理论批判的深入，马克思通过艰苦的理论探索，对资本的本质及资本逻辑的批判，对社会发展以及人的发展问题的认识跃升到更高的层次，这一点体现在马克思在《资本论》时期的阐述要比《德意志意识形态》时期更为深刻、全面和完整，马克思的思想政治教育理论在这一阶段已经趋于成熟。

第一节　马克思思想政治教育理论成熟的背景

马克思在《雾月十八日》中对十九世纪五十年代的欧洲社会做过精辟的概述，“我们所谈的这个时期，各种尖锐的矛盾极其错综复杂”。此阶段的欧洲各种社会矛盾掺杂交织，革命与反革命的活动此起彼伏，社会矛盾日益加剧。同时，资本主义经济也发展到了“机器大生产”的阶段，“资本”不仅主导着整个经济发展的过程，甚至将触角延伸到社会的各个方面，马克思迫切地感觉到对资本主义经济发展的奥秘展开深入研究的必要性。

一、马克思思想政治教育理论成熟的社会背景

1848 年 1 月 12 日，意大利爆发巴勒摩起义，掀起了欧洲革命的浪潮。2 月，法国人民在巴黎推翻了路易・菲力浦的七月王朝，势如破竹的革命声势迫使资产阶级临时政府宣布成立共和国。法国二月革命引起奥地利人民的强烈共鸣，3 月，维也纳市民中工人、小商人、资产阶级等各基层人民走上街头举行规模空前的示威游行，梅特涅政府被资产阶级自由派政府取代，革命取得初步的胜利。同时，欧洲大陆的其他国家都积极响应革命的号召，意大利、波兰、匈牙利、捷克等国的人民都燃起了革命的热情。

德国西部各邦受到法国二月革命的鼓舞，先后掀起了规模不等的示威游行与革命起义。慕尼黑的大学生和艺术家群体，与工人并肩发起革命起义，加塞尔的革命形势也是一触即发，3 月 18 日，柏林发生了武装暴动，人群包围王宫迫使国王威廉四世下令撤军停战，并且任命资产阶级代表重组内阁。德国人民革命的狂热风暴沉重地打击了普鲁士的封建势力。1848 年德国民主革命的另一任务是实现德国国家统一，但是，马克思强烈反对以德国融入普鲁士的方式或者建立类似美国联邦制的方式来统一德国，马克思认为决不能将德国的统一寄希望于各邦的封建王朝或软弱的资产阶级议会身上，必须通过无产阶级的暴力革命彻底摧毁封建王朝和反革命势力才能实现德国统一。

1848 年轰轰烈烈的欧洲革命对于无产阶级革命也是一种重要的转折点，无产阶级与资产阶级的矛盾以革命的形式爆发，无产阶级从此登上了

世界政治历史舞台。但是，1848至1849年的欧洲革命也给无产阶级带来了惨痛的教训，曾经欺骗无产阶级与之一道反对封建统治的资产阶级转而背叛革命，联合封建主阶级一同绞杀无产阶级，无产阶级革命转入低潮时期。不过，革命中工人阶级大无畏的精神和勇于流血牺牲的气概也给欧洲无产阶级带来了新的希望，鼓舞了革命的斗志，无产阶级的阶级意识在革命中逐渐形成，并用实际行动表达了自己独立的政治要求。

虽然欧洲革命动摇了欧洲大陆各种旧统治阶级的堡垒，涤荡了各个阶层固有的旧观念旧认识，但同时也对社会上层建筑精神生活领域提出了新挑战和新问题。首先，无产阶级的政治觉悟还没有完全从自发走向自觉，在实际的无产阶级革命中还没有取得领导权。其次，各种代表着资产阶级利益的思潮仍旧蔓延在欧洲大陆上，瓦解着无产阶级的革命意志，使革命队伍中的一部分人开始醉心于“教条的实验”，幻想以“和平方式”替代“革命”来实现社会变革的目的，这种思想严重威胁着革命斗争的开展。马克思必须从理论上及时对这些社会现象做出解释和说明，并且对干扰阻碍无产阶级阶级意识形成的思潮加以批判。总的来说，欧洲革命极其错综复杂的形势呼唤着马克思理论的成熟。

二、马克思思想政治教育理论成熟的思想背景

经济学研究在此阶段取得了最高的成就，马克思对思想政治教育的研究也正是在这一前提下走向成熟。从1842年《莱茵报》工作时期面对摩塞尔河地区农民处境的难题以来，马克思就萌发了对经济关系研究的兴趣，正是为了帮助社会底层劳苦群众争取和捍卫自己的权益，马克的研究从纯政治转向经济问题。直到1883年彻底完成《资本论》理论部分和历史批判部分的所有手稿，除去中间因论战需要中断研究的时间，马克思在经济学问题的研究中花费了近40年时间，其中十九世纪五六十年代是马克思在英国集中精力研究经济学问题，取得成果最多的阶段。

马克思在 1850 年着手进行经济学研究之后借助伦敦大英博物馆的便利条件，充分吸收资产阶级经济学家的思想精华，再次研读了李嘉图的《政治经济学和赋税原理》、亚当·斯密的《国民财富的性质及原因的研究》，约翰·斯图亚特·穆勒的《政治经济学原理》、马尔萨斯的《价值尺度》、托伦斯的《论财富的生产》、凯里的《政治经济学论文集》、霍吉斯金的《通俗政治经济学》、琼斯的《政治经济学绪论》、拉姆赛的《论财富的分配》等书。并结合身处伦敦——作为最典型资本主义国家的首都和世界贸易中心的条件，马克思结合对资本主义生产、市场的最新发展情况，对货币流通、银行理论、土地所有制、地租理论、与资本主义发展紧密相连的殖民制度的研究，深入地对资本主义生产关系的运动规律、劳动与资本的关系进行了研究。

一方面由于资本主义科技革命的迅猛发展，特别是社会化大生产发展的需要，另一方面马克思在经济学研究中从“一般的抽象规定”出发，进而深入资产阶级社会的内部结构，必然从经济基础上升到对上层建筑部分的研究。马克思首先批判地吸收了资产阶级古典经济学家精神生产理论的合理部分，肯定了资产阶级经济学家李斯特、施托尔希等人根据资本主义社会化大生产的特点，敏锐地发现了精神生产的若干秘密，如资产阶级知识分子阶层在生产精神产品——科学技术等方面，对促进资本主义经济发展做出的巨大贡献，以及“精神产品”在资本主义条件下已经转变为一种特殊的“商品”，根据市场需求进行生产，并且在市场交易中实现其价值的现象。但是，马克思也毫不留情地指出他们对精神生产社会性和历史性认识的浅薄，他们将资本主义精神生产的作用范围片面夸大至整个人类社会，对精神生产过程具体环节的分析缺乏历史性。

此外，马克思对亚当·斯密将“精神生产”排斥在“生产劳动”之外的做法非常不满，同时马克思也反对资产阶级国民经济学家仅仅从“物”的角度研究精神生产。马克思认为不能简单地将精神生产界定为国民财富增长的原因和手段，并因而肯定它的价值。马克思在政治经济学研究的基础上，从历史宏观的角度明确了社会生产力与社会生产关系发展对推进人类社会形态更替的作用，认识到人类社会发展的规律，在此前提下剖析“上层建筑”、“精神领域”的一系列问题。对此问题的认识更加深入，判定一种劳动是否具有生产性的标准在于这种劳动借以实现的一定的社会形式，也就是劳动借以实现的生产关系决定了这种劳动是否具有生产性。资本主义条件下精神生产劳动的价值取决于能否为货币所有者和资本家带来超额利润，而非劳动本身的价值。

总的来说，马克思在这一时期精神生产理论的成熟是建立在对资产阶级古典经济学家如亚当·斯密、李斯特、施托尔希等人精神生产理论错误的批判基础上，马克思根据自己对资本主义生产条件下精神生产的观察和分析，合理地吸收和借鉴了前人的研究成果，从而完善、丰富、深化了自己的精神生产理论。

第二节　马克思精神生产的政治经济学向度

深入研读马克思的《资本论》，很容易发现伴随着马克思对经济问题研究的深入，他对“精神生产”问题的研究也日臻成熟，从而完善了科学的精神生产范畴，建立了成熟完善的理论体系。马克思在此阶段深入到具体的资本主义条件下，对于资本主义条件下精神生产的新变化进行了详尽的分析，揭示了与“物质生产力与生产关系”相对的“精神生产力与精神生产关系”的范畴，对“精神生产”与“物质生产”之间关系的认识做了新的补充，同时也从一般的意义上对于精神生产的生产、消费、分配、流通等环节进行了分析。最后在对“劳动”的分析中提出必须消灭“雇佣劳动”的条件，使人能够在“自主劳动”中发展成为“自由的个人”。

一、资本主义条件下精神生产的新变化

"精神生产"具有历史的维度，属于历史范畴，在不同历史条件下表现为不同的形态。在此阶段，马克思在对资本主义社会内部结构进行深入考察的前提下，对精神生产所呈现的特殊形态也进行了详细的考察。马克思认为，生产的完全商品化是资本主义生产的最大特点，私有制条件下的资本主义精神生产与物质生产之间始终处于一种对抗的状态。

相较于道德、文学、艺术，"科学技术"作为人类精神生产领域在推动资本主义经济发展中最为突出的力量，首先引起了马克思的关注。他在此阶段的著作手稿中高频率地使用"自然科学""实验""观察"等词语凸显出科技发展在人类精神生产和机器大工业时代发挥的独特作用。不可否认的是，"资本主义生产第一次在相当大的程度上为自然科学创造了进行研究、观察、实验的物质手段。"① 在客观上推动着精神生产规模的扩大，"实验和观察……以及生产过程本身的迫切需要……才第一次达到使科学的应用成为可能和必要的那样一种规模。"② 自然科学作为精神生产的一部分以及生产过程的一个重要环节，自此以其独特的生产方式，以一种相对独立的生产形式从社会生产领域的整体中分离出来，这是历史上人类精神领域第一次出现一个具有相对独立性的精神生产部门，它被纳入现实生产过程，并且具备将精神产品直接转化为物质生产力的能力。这种变化对于考察资本主义条件下精神生产整体形态的变化具有重要意义。

科学技术的快速发展，生产工具不断的更新，生产部门的划分愈加细致，各部门分工越来越明确，脑力劳动与体力劳动被截然分开，每一个劳动者，不论是脑力劳动者，还是体力劳动者，都成为了流水线上的一颗螺丝钉，紧密的配合和高效的工作都是为了保障整个生产过程快速而流畅地

① 《马克思恩格斯文集》（第8卷），北京：人民出版社2009年版，第358页。

② 《马克思恩格斯全集》（第47卷），北京：人民出版社1979年版，第572页。

进行。物质生产和精神生产都是为了追逐资本的增值，为了保证资本家能够获取最大的剩余价值。人类的精神活动丧失其独立性，被牢牢控制在资本家的手中，无论是生产、分配还是交换的环节，甚至连从事精神生产活动的活生生的人都被“资本”所异化，人的精神世界完全被“物化”。

由此，资本主义条件下的精神生产者阶层表现出职业性和雇佣性的特点。在生产力水平还不是很发达的封建社会，由于受到物质生活资料匮乏和精神生产规模较小的局限，“精神生产”还只是少数特权阶层才能享有的权利。在资本主义条件下，精神生产活动范围扩大并与资本的占有紧密相联，能够从事精神生产活动的阶层往往是在统治阶级中占有一席之地或依附于统治阶级的思想家，他们占有丰富的社会物质生活资料，享受优渥的生活条件，摆脱了体力劳动的束缚，从事精神生产活动成为他们在政治和精神上取得发展权的表现。资本主义条件下的精神生产不是人的精神自由的表现，而是一种权力、身份、地位的象征。

但是，在资本主义条件下，精神生产者群体也发生了新的变化，这部分群体不仅包括统治阶级中的“意识形态家”，还出现了以出卖自己“脑力劳动”维生的群体，他们把从事精神生产活动当作自身职业，却不得不依附于占有物质生产资料的统治阶级，以“被雇佣”的形式实现自己精神生产活动的价值。马克思认为在对资本增值的追逐中，资产阶级和雇佣劳动者两阶级的对立使曾经笼罩在医生、律师、教士、诗人和学者头顶的光环都消失了，只剩下被资本招雇的“雇佣劳动者”。无产阶级因不占有任何精神生产资料，在精神生产的过程中完全处于被抛掷其外的状态，或者是处于“被动消费”资产主义精神产品的地位。

恩格斯对这一点有所警觉，在1893年《致国际社会主义者大学生代表大会》中分析了无产阶级革命对于精神生产者的新要求，告诫大学生必须认清资本主义精神生产的本质，以往的资产阶级革命旨在把大学生培养成律师以为资产阶级政治革命服务，而当下的无产阶级革命则要求大学生掌握扎实的专业知识为工人阶级的解放服务，无产阶级不仅需要律师、政治家，也需要医生、工程师、化学家及农艺师等等，恩格斯号召大学生把自己变为“脑力劳动无产阶级”①，成为能够自觉同工农群众相结合、为工农群众服务的无产阶级知识分子。

马克思在《资本论》第一卷开篇指明“我们的研究就从分析商品开始”②，毫无疑问，商品生产是资本主义一切生产的历史前提，资本主义条件下的精神产品同样不可避免地具有商品性。在资本主义条件下，生产精神产品的目的不是为了满足人本身的精神文化需求，而是为了将精神产品拿到市场上进行“交换”，将“精神产品”变为“精神商品”，以实现商品的价值。资本主义的生产方式和特有的商品经济结构用物的关系掩盖了人与人之间的关系，用物的价值彻底代替了人的价值。因此，精神生产活动具备了商品生产的特点。资产阶级从赚取更多利润的角度出发要求依附于他的精神生产者不仅要生产出维护本阶级政治统治的“意识形态”“思想体系”，而且还要求他们不断更新科学技术，以实现超额利润的生产。资本主义条件下的精神生产被物质生产同质化了，“一切只能都是为资本家服务，为资本家谋‘福利’；连最高的精神生产，也只是由于被描绘为、被错误地解释为物质财富的直接生产者，才得到承认”。③

资本主义条件下的精神生产过程具有世界性。随着资本在全球范围内的扩张，资本主义经济发展突破了地域的限制，在世界各地寻找新的原料供应地、更为廉价的劳动力和更广阔的消费市场，资本家贪婪于巨额的利润而奔走在全球各地，从而迫使精神生产突破某一国家或地域的局限，也成为世界性的。“过去那种地方的和民族的自给自足和闭关自守状态，被各民族的各方面的互相往来所代替了。物质的生产是如此，精神的生产也是如此。”④ 这种在世界范围内的精神生产不仅将资本主义经济发展所需要

---

① 《马克思恩格斯选集》（第4卷），北京：人民出版社2012年版，第301页。
② 《马克思恩格斯选集》（第4卷），北京：人民出版社2012年版，第95页。
③ 《马克思恩格斯全集》（第23卷），北京：人民出版社2004年版，第348页。
④ 《马克思恩格斯选集》（第1卷），北京：人民出版社2012年版，第404页。

的“道德”与“文化”播撒到世界各国，更是将科学社会主义的学说和无产阶级反抗资产阶级的诉求和精神带到了世界各地，为全世界无产者在精神上的联合和阶级意识的觉醒奠定了基础。

二、精神生产与物质生产关系的新认识

在精神生产理论的萌芽时期，马克思对物质生产与精神生产之间关系的研究重点在于批判旧唯物主义轻视物质生产在人类社会发展过程中的决定性作用，因而侧重于强调物质生产对精神生产的决定性作用，相比之下，对于精神生产的反作用论述不足。但在此阶段的政治经济学研究中，马克思在批判古典经济学家精神生产理论的错误时，重点用唯物史观的方法论述了精神生产的反作用，同时也对精神生产与物质生产之间关系的历史性与复杂性进行了详细论述。

第一，人类自进入文明社会伊始，在相当漫长的时期内，由于受到生产力水平较低的制约，物质生活资料匮乏，精神生产对于人类社会的发展影响极其有限。但是，近代资本主义大工业迅速发展在推动物质生产发展的同时极大地推动了精神生产的发展，并使得精神生产作为一种独立的社会生产实践形式融入到现实的生产中并发挥巨大作用。

马克思根据科学技术在推动资本主义生产力飞跃式的发展中所起到的巨大作用，极大地肯定了精神生产对物质生产的推动作用。在《雾月十八日》中，马克思以法国为例论述了观念上层建筑在资产阶级国家中，一定具有鲜明阶级性的问题。在阶级社会中，一定社会意识形态产生和存在的目的，都是为巩固统治阶级地位服务的，观念上层建筑的这种功能是通过“传统”和“教育”来实现的。同时，马克思还阐发了社会意识发展相对独立性的问题，以及意识形态发展与社会存在发展的历史滞后性。在《1848—1850年的法兰西阶级斗争》中，马克思多次谈到国家制度和法律对社会经济生活和阶级统治的阻碍或促进作用。恩格斯在晚年阐述唯物史

观的四封信中对马克思“精神生产对物质生产反作用”的思想进行了详细的阐述和补充。

恩格斯首先在致约瑟夫·布洛赫的信中解释“经济决定论”的谬误，恩格斯再次肯定唯物史观中坚持现实生活的“生产”与“再生产”是历史进程决定因素的正确性。但是，有人将这个原理歪曲为“经济因素是唯一决定性的因素”，恩格斯尖锐地指出这种歪曲使唯物史观中的基本原理变成空话。恩格斯承认经济状况是基础，但同时强调“上层建筑的各种因素”对历史斗争的进程发生影响，并且在特殊的情况下甚至还可能起着主要决定作用。这些“上层建筑的各种因素”包括“阶级斗争的政治形式”，由掌握了政权的阶级制定的“宪法”，以及“所有这些实际斗争在参加者头脑中的反映，政治的、法律的和哲学的理论，宗教的观点等”。①

恩格斯批判了“思想家们”愚蠢地认为他们否认各种意识形态对历史有任何影响。恩格斯毫不留情地提醒这些“先生”要清醒的认识到，“一种历史因素一旦被其他的、归根到底是经济的原因造成了，它也就起作用，就能够对它的环境，甚至对产生它的原因发生反作用。”② 此外，恩格斯在 1894 年 1 月 25 日致瓦·博尔吉乌斯的信中还谈道，“我们把经济条件看作归根到底制约着历史发展的东西。政治、法、哲学、宗教、文学、艺术等等的发展是以经济发展为基础的。但是，它们又都互相作用并对经济基础发生作用。”③

第二，马克思在坚持《德意志意识形态》中对精神生产与物质生产发展之间必然会产生矛盾的观点的前提下，进一步在资本主义条件下阐述了精神生产与物质生产的具体性和历史性、不平衡性和对抗性。

马克思在这一时期重点阐述了物质生产和精神生产之间关系的具体性、历史性，强调要从“一定的历史形式”来考察两者之间的关系。如果

---

① 《马克思恩格斯选集》（第 4 卷），北京：人民出版社 2012 年版，第 604 页。
② 《马克思恩格斯选集》（第 4 卷），北京：人民出版社 2012 年版，第 644 页。
③ 《马克思恩格斯选集》（第 4 卷），北京：人民出版社 2012 年版，第 649 页。

不从物质生产本身产生的特殊的历史形式来审视它，那么就不可能理解这种生产方式之下的精神活动，也不可能理解这两种生产的相互作用。资本主义条件下精神生产的方式必然会与农耕文明或者家庭作坊条件下的精神活动方式不同。此外，马克思认为某一种物质生产方式下“一定的社会结构”和“人对自然的一定关系”都必然会影响人们的精神生产方式。

马克思认为这两种生产只是人类社会生产的不同方面，并非是人类社会生产的不同阶段。从个人生产生活实践的角度看也同样如此，任何人的生产活动都是体力劳动和脑力劳动的统一。但是，马克思强调必须“历史地”考察物质生产和精神生产，他纠正了施托尔希的错误，反复强调只有从历史性的角度才能理解建立在物质生产基础之上的“统治阶级的意识形态”部分和“一定社会形态下自由的精神生产”。但是精神生产与物质生产的发展并不总是处于简单对应的状态，生产力的发展与生产关系的变革就不同步，精神生产由于其相对独立性，也会出现超前或者滞后于物质生产发展的现象，这种不同步、不平衡的发展会造成人的物质生活与精神生活的矛盾，促使两者在动态关系中调节彼此发展变化的进程。

在这里，马克思揭示了考察物质生产与精神生产之间具体、历史关系的几个要素。一是在不同的社会条件下，精神生产具有不同的表现形式，因此，要把精神生产放到一定的社会历史条件下去具体地考察。二是在同一社会历史条件下的精神生产也会因为所处的社会生产力和生产关系条件不同而表现出不同的形式。社会历史条件、社会生产力和社会生产关系，这是正确考察精神生产必不可少的三大要素。

三、精神生产过程的三种循环

按照物质生产的过程及规律，马克思同样从生产、消费、分配和交换的环节分析了精神生产的全过程。生产是起点，分配和交换是中间环节，消费是终点，消费又创造出新的生产的需要，也就是新一轮生产的动力。

第一条精神生产全过程的循环路线，即 P—K_1 或 A_1—P′。P 是精神生产者生产出来的精神产品，经过生产过程的分配和交换环节，产品中所包含的思想内容转变为新的思想材料 K_1 和精神生产者的精神创造能力 A_1，P′则是第一次精神生产循环过程结束后创造出的新精神产品，它将在下一轮精神生产过程中被投入消费的环节。

第二条精神生产全过程的循环路线，即 P—A—P′。精神生产者首先为了实现一定的目的，利用占有的精神生产资料生产出“精神产品”P，依照由物质生产关系所决定的精神生产关系，精神产品以“教育”或者“宣传”的方式被分配给在精神生产关系中占据不同地位的阶级，他们或者是以交换的形式换取其他自己所需的精神产品，或者直接消费所获得的精神产品，将消费的精神产品转化为自己的思想观念 A。精神生产者会根据所生产出来的精神产品被消费的情况或是否达到一定“生产目的”来决定下一轮的生产活动，创造新的精神产品 P′。

第三条精神生产全过程的循环路线，即 P—W—P′。精神产品 P 在精神生产的消费环节被不同阶层的人消费之后，将其所包含的精神内容用于指导所从事的物质生产活动，凝结为物化形式的 W。物质生产在精神生产的推动之下又会给精神生产提供新的需求和要求，从而推动精神生产进入新一轮的生产过程，进入创造新的精神产品 P′的过程。

第一条和第三条精神生产全过程的循环路线多用于分析科学技术、文学艺术等精神产品的生产流通过程，而第二条精神生产全过程的循环路线可以用来更进一步地分析政治思想观念的精神产品生产、消费、分配和交换的全过程，以此来深入考察一种政治思想观念是如何转变为不同阶层人的思想观念的历程。

四、精神生产力与精神生产关系

在科学技术推动资本主义生产力飞跃式发展的背景下，马克思在《资本论》中对“精神生产”展开了进一步的分析与考察。不过，在绝大多数的情况下，马克思在此阶段是在一种狭隘的范畴中使用“精神生产”的概念，专指“自然科学”或“科学实验”。

这种对“精神生产”概念的特殊使用方式具有其特殊的社会历史背景。封建社会脑力劳动和体力劳动的“相对分离”，发展到资本主义社会阶段，在资本主义生产方式的特殊作用下已经转变为“直接分离”的状态，“大工业则把科学作为一种独立的生产能力与劳动分离开来。”① 脑力劳动一改以往依赖于甚至依附于体力劳动的旧态，直接脱离了体力劳动，转而成立一个独立的生产部门，脑力劳动和体力劳动的直接分离在最大程度上促进了精神生产力与物质生产力两者相对独立的发展，脑力劳动创造的成果对于促进社会发展的推动力甚至在某些条件下毫不逊色于物质生产。正是在这样的背景之下，为了认识的便利，马克思提出了“精神生产力”与“物质生产力”的概念。

“精神生产力”与“物质生产力”是一组相对的概念，实际上，不存在脱离精神生产的物质生产力，也不存在脱离物质生产的精神生产力，任何社会实践活动都融合了物质生产和精神生产两个方面。马克思在谈到摧毁旧的生产关系的因素时认为，“只有在物质的（因而还有精神的）生产力发展到一定水平时才有可能”②。马克思在这里使用了“精神的生产力”概念，除此之外，在论述货币只能存在于雇佣劳动所在之处时谈道，“货币不但绝不会使社会形式瓦解，反而是社会形式发展的条件和发展一切生产力即物质生产力和精神生产力的主动轮。”③ 总的来说，马克思是在两种意义上使用“精神生产力”的概念，一是指人生产“精神产品”的能力。在这个意义上，精神生产力是由精神生产者、精神生产资料和精神生产对

① 《马克思恩格斯文集》（第5卷），北京：人民出版社2009年版，第418页。

② 《马克思恩格斯选集》（第2卷），北京：人民出版社2012年版，第757页。

③ 《马克思恩格斯全集》（第30卷），北京：人民出版社1995年版，第175—176页。

象三者构成。二是指独立存在于物质生产力体系之中人改造自然的精神因素，马克思常常是在“精神生产力包含于物质生产力之中”的前提之下，在这种意义上使用“精神生产力”的概念。

精神生产力只有在一定社会形式的精神生产活动中才能发挥作用，马克思正是在分析精神产品的生产、交换、分配和消费的过程中，确立了精神生产关系的观念。张义德将精神生产关系归纳为人与人之间在精神生产过程中结成的一定关系，这其中包括人对精神生产资料的占有关系，人在精神生产中占有不同地位和发挥的不同作用，以及人与人之间在精神产品的分配中所结成的社会关系。① “精神生产力”和“精神生产关系”的提出为马克思将其本身作为一个整体并以此来分析人类精神活动内部结构提供了便利。

马克思在精神生产的内部进一步区分了两种精神生产的形式，一是，一切非统治阶级的、独立的一般知识形态的文化创造，即一定社会形态下的自由精神生产②；二是，掌握着精神生产资料的统治阶级阶层的意识形态生产，也就是在社会上占据统治地位的统治阶级的精神生产活动。在《〈政治经济学批判〉序言》中，马克思指出了精神生产所包含的意识形态的形式，“人们借以意识到这个冲突并力求把它克服的那些法律的、政治的、宗教的、艺术的或哲学的，简言之，意识形态的形式”③。马克思根据精神生产和占统治地位的上层建筑的关系，提出了“意识形态的生产”和“自由的精神生产”两个概念。前者对上层建筑所包含的所有领域都具有普遍的意义，它直接和占统治地位的上层建筑相联系，马克思称之为“统治阶级的意识形态的组成部分”，后者则不同，它并不直接受到统治阶级的控制，虽然也是人类的精神生产活动，但较多地反映了人在自由状态下的精神活动，这其中包括科学知识的生产、艺术文化作品的生产等。

---

① 张义德：《关于精神生产的一般规定》，载《学习与探索》，1984 年第4 期。

② 《马克思恩格斯全集》（第 26 卷），北京：人民出版社 1972 年版，第 296 页。

③ 《马克思恩格斯选集》（第 2 卷），北京：人民出版社 1995 年版，第 33 页。

五、“自主劳动”与“自由的个人”

对“劳动”的分析在《资本论》中占据了大量的篇幅，这是马克思政治经济学中重点分析的一个问题。马克思批判国民经济学家在为私有财产辩护时，将劳动规定为私有财产的最高原则，他们认为只有劳动才是财富的唯一本质。在马克思看来，这种辩护具有有害的“非批判性”，国民经济学家没有透过现象看到资本主义条件下“劳动”的本质。

马克思认为，人的劳动的本质就是自主的、自觉的活动。然而，在资本主义生产关系中，人的自由的劳动变为一种特殊的“雇佣劳动”，资本主义生产过程是劳动过程与价值增值过程的统一，资本家正是借助“雇佣劳动”来压榨无产阶级，无限度延长劳动时间或者以增强劳动强度、提高劳动生产率的方式榨取剩余价值。无产阶级因为“一无所有”，只能依靠出卖自己的劳动力来换取生存资料，因而在资本主义条件下，无产阶级的劳动是一种可供买卖的“商品”，是资本家用来赚取超额利润的手段，在这种背景下，无产者不再是“活生生的人”，在资本家眼中，工人只是帮助其生产剩余价值的工具。

因此，在雇佣劳动条件下，进行“劳动”谈不上任何幸福，它变成了始终是“令人厌恶的事情”，始终是“外在强制的劳动”。与此相反，“不劳动”却是“自由和幸福”，“雇佣劳动”只是一种以摧残生命的方式来维持生命的活动。“劳动”沦为一种谋生的手段，只是为满足人的肉体需要的工具。正是在这种意义上，马克思把资本主义的“雇佣劳动”称之为“自主活动的否定形式”。

早在《德意志意识形态》中，马克思认为消除这种资本主义条件下不合理的现象，就必须实现“雇佣劳动”向“自主劳动”的转换，前提是“联合起来的个人对全部生产力总和的占有，消灭私有制”①。马克思指出，

① 《马克思恩格斯选集》（第1卷），北京：人民出版社2012年版，第210页。

"只有在这个阶段上，自主活动才同物质生活一致起来，而这又是同各个人向完全的个人的发展以及一切自发性的消除相适应的。"①

1857至1858年，马克思在《政治经济学批判大纲》中进一步完善了这一思想，认为人的劳动不仅是自主的，而且还是自由的。真正自由的劳动既有社会的性质，还具有科学的性质，"自由的劳动"把人"当作主体来看待，这种主体不是单纯地在自然的、自发的形态之下，而是作为支配一切自然之力的活动出现在生产过程里面。"② 马克思在这里所说的"社会的性质"指的是劳动的社会联合，消除了雇佣劳动，劳动者成为了社会的主人。劳动的科学的性质，指的是劳动的自然联合，消除了旧式的分工。劳动成为人们生活的第一需要。

随后马克思在《资本论》中分析"资本"这种对人的"抽象的统治"是通过"雇佣劳动"来实现的。但是，马克思强调在消灭雇佣劳动的历程中，必须彻底消灭资本主义意识形态，它对整个资本主义社会有机体的经济基础起着巩固的作用。因此，马克思揭穿了资产阶级意识形态的虚伪面纱，直接指出资本主义意识形态在个人的意识中表现为"观念的统治"，这种统治的实现是由资产阶级主导的，他们会千方百计地通过各种手段来灌输、强化这种意识。在以资本为中心的资本主义社会中，劳动和人的精神都发生了异化现象，人的肉体和精神被建立在物的统治基础之上的意识形态观念统治，"人"以及人所生产生活的"社会"都被物化，在这种严酷的统治中，"人"失去了人之为人的本真，变为物的奴隶。

正是在这种意义上，马克思在1875年的《哥达纲领批判》中预测在共产主义社会高级阶段，"社会生产力高度发展，集体财富的一切源泉充分涌流，在迫使人们奴隶般地服从分工的情形已经消失，从而脑力劳动和

---

① 《马克思恩格斯选集》（第1卷），北京：人民出版社2012年版，第210页。

② 《马克思恩格斯全集》（第46卷）（下），北京：人民出版社1980年版，第113页。

体力劳动的对立也随之消失之后；在劳动已经不仅仅是谋生的手段，而且本身成了生活的第一需要之后”①，每个人自由而全面发展的理想才能得以实现。马克思在这一时期，正是在政治经济学的分析中提出实现“人的全面自由的发展”即是“个人”向“完整的个人”“自由的个人”的转化，这一过程进行的前提是“雇佣劳动”向“自主劳动”的转变。

第三节　马克思思想政治教育理论观点的成熟

通过对此阶段精神生产理论的梳理，可以看出，马克思对人类精神活动的分析已经深入到对“精神生产全过程”各个环节的考察，这一点也标志着马克思思想政治教育理论走向了成熟。这种理论体系的成熟具体表现为，马克思语境中的“思想政治教育”具有了四重维度，明确确定了马克思思想政治教育理论建立的立足点及包含的主要内容，以及马克思思想政治教育理论的科学性及其强大的解释力。

一、马克思“思想政治教育”的四重维度

基于全文前四章的阐述，不难发现马克思在文中多次使用的“政治教育”“阶级的教育”“政府的教育”和一定语境下特指的“教育”“社会教育”等相关概念，都与“思想政治教育”有着密切的联系，并且，马克思在其思想发展不同阶段的多篇著作中都对“思想政治教育”所指的那种社会历史现象有着详尽的说明和逻辑严密的分析。伴随着马克思精神生产理论的成熟，再将“思想政治教育”的概念置于“精神生产”的视角之下重

① 《马克思恩格斯选集》（第3卷），北京：人民出版社1995年版，第305页。

新加以审视，将会对马克思语境中的“思想政治教育”有一种全新的认识。具体说来，马克思从以下几个维度阐释居于核心地位的“思想政治教育”概念：

第一，在马克思那里，可以从“现象”的维度去理解“思想政治教育”。不同于中国化马克思主义语境中的思想政治教育，马克思语境中的思想政治教育是一种客观存在于人类社会中的历史现象。

为什么思想政治教育现象普遍存在于人类社会发展的各个阶段？马克思从物质生产发展所导致的“普遍利益”与“特殊利益”的分裂对这一问题给予回应。自从阶级产生之后，国家作为调和不同阶级矛盾的产物出现，从精神生产的角度分析，造成“国家”产生的矛盾并不囿于经济利益和政治利益的矛盾，其中必然包含着观念和思想的冲突与矛盾。因为个人在实际生产生活中所追求的仅仅是自己的“特殊的”利益，这种特殊的利益是与他们所隶属的群体的“共同利益”不相符的，所以他们在思想上产生了一种认识，群体的共同利益是‘异己的’和‘不依赖’于他们的，即仍旧是一种特殊的独特的‘普遍’利益①，而受到物质生产发展水平的限制，个人本身必须在这种不一致的状况下生产生活。

虽然各个人因其进行物质生产的方式不同，其所处的阶级地位和社会关系相异，必然会在追求实现自身特殊利益的前提下，形成个人的观念与认识。处于同一阶级的个体可能由于其生产方式的相同而产生出具有相似性的属于某一阶级特有的意识，但是国家作为平衡各个阶级利益冲突的机构，必须要努力寻求不同阶级利益的共同点以“制造”出某种适合于所有阶级的“普遍”利益，从而达成粘合各阶级意志以维护国家在意识观念上的完整统一。

从这一点上看，思想政治教育在人类进入文明社会之后，尤其是在阶级社会中是普遍存在的，这也是思想政治教育科学性的例证之一。只要

① 《马克思恩格斯选集》（第 1 卷），北京：人民出版社 2012 年版，第 164 页。

“国家”这种维护“普遍利益”的机构存在，思想政治教育承担的任务就是要用“国家”这种虚幻的“普遍”利益来对其成员或公民进行实际的干涉和约束，从而使国家公民的思想得以统一，形成有利于国家稳定发展的共识，最终赋予“特殊的思想”以“普遍性的形式”，用“虚幻的意识形态”在思想观念上使教育对象接受“统治阶级的利益就是全体社会成员共同的利益”，从而达成“统治阶级的思想在任何时代都是占统治地位的思想”实然和应然的统一。

第二，马克思语境中的“思想政治教育”概念具有“历史”的维度。马克思用精神生产的方法考察了“思想政治教育”这种现象，明确地指出这种现象并非是永恒存在的，相反，“思想政治教育”这种社会现象在历史上必然经历形成、流变和最终消亡的过程与命运。

在前文对精神生产历史生成的分析过程中已经谈到，精神生产在历史的范畴中是由于“真正的分工”的出现，即体力劳动和脑力劳动的分工而产生。分工的发展和私有制的产生，使得物质活动与精神活动、劳动和享受、生产和消费产生了不同的主体，与以往的同一主体产生区别。随着生产力水平的提升，脱离了体力劳动的人越来越多，逐渐构成了一个人数众多的利益集团，促使“阶级”雏形产生。但是，在社会中存在着利益不同的多个阶级，为维持不同阶级之间的利益矛盾，将冲突缓和在一定的范围之内以维持共同体的稳定和持续发展的可能，“国家”作为虚幻的共同体的形式诞生。国家是不同阶级矛盾不可调和的产物，取得统治地位的阶级为了维持国家作为共同体的稳定和团结，必须采用意识形态的手段对精神生产进行调节，这种带有意识形态性的教育活动就是“思想政治教育”。作为孕育这种特殊现象出现的几个关键因素——“真正的分工”“阶级”“国家”都是物质生产力发展到一定阶段的产物，也必将随着生产力的高度发展而消失，由此可以判定，作为一种“社会历史现象”的“思想政治教育”产生于人类进入文明社会之后，也必将伴随着阶级社会的消失而消亡。

第三，马克思语境中的“思想政治教育”具有“运行机制”的维度。“机”是指事物变化发展的原因、规律。“机制”原指机器的构造和动作原理①，这一概念现因由多学科借鉴，一般指一种事物功能的形成、作用和各个构成部分之间的相互联系以及整体运转过程。因此，对一种事物运行机制的揭示就意味着对它的认识从现象的描述深入到对本质的探索。

在马克思那里，“思想政治教育”的精神生产过程是一个历史的、具体的整体，构成精神生产过程的生产者、分配者，甚至是精神生产资料、生产工具、生产方式等都是处在有机联系的历史过程中。思想政治教育的运行机制考察的是精神生产过程中按照某种方式组合在一起的各要素，通过有规律性的相互作用而引起系统整体的生成、运行并如何发挥功能的问题。马克思遵循总体性运用精神生产方法，将思想政治教育置于社会全局之中做一种整体性的考察。马克思在思想发展的不同阶段对当时历史条件背景下所观察到的“思想政治教育”现象的分析，并不是与其他历史阶段相割裂的，相反，这些部分与其他部分紧密相连，这些部分只有放到精神生产的有机整体中，甚至是物质生产方式不断变革、精神生产方式随之变化的社会全局整体中才能够理解。

可以说，思想政治教育机制是思想政治教育客观规律的具体表现。“精神生产者”“精神生产资料”“精神产品”“生产”“消费”“分配”“交换”都构成了思想政治教育机制的有机组成部分。但是，在不同的社会发展阶段，这几个要素又是由不同的角色扮演，例如在阶级社会中，在物质生产中占统治地位的阶级必然在精神生产中同样占据统治地位，他们垄断精神生产资料，成为占有“精神生产资料”的阶级，为了维护本阶级的统治，他们必须对被统治阶级的人们灌输以本阶级的意志。具体的灌输活动就由在统治阶级中因分工的缘故负责意识形态生产的意识形态家们担任，这些“意识形态家们”扮演着“精神生产者”的角色，具体的“精神产品”是通过“灌输”的方式完成的。但这种灌输是单向的，被统治阶

① 马奇柯：《思想政治教育机制相关概念辨析》，载《求实》，2008 年第4 期。

级丝毫不占有任何精神生产资料，在精神生产的过程中完全处于被动地位。一旦作为经济基础的物质生产方式萌发了变化的萌芽，甚至只是其中的一个因素发生变化，例如作为精神生产资料“分配”环节的工具——信息传播工具发生变化，那么精神生产的整个过程，也就是思想政治教育的整体机制都会随之发生变化。由此可见，马克思是在一般的意义上揭示出了思想政治教育的运行机制问题，对于社会历史发展的各个阶段出现的思想政治教育新情况都具有普遍而强大的解释力。

第四，马克思在论述无产阶级思想政治教育的语境中，所使用的“思想政治教育”从根本意义上说是一种“社会教育”，也是一种“自我教育”。这一点是马克思语境中“思想政治教育”与以往“阶级教育”的本质区别，也是马克思“思想政治教育”概念最为深刻的内涵，理解这一点，是掌握无产阶级思想政治教育精髓的关键点。

“思想政治教育”一词在本质上指的是广泛存在于人类社会中，“人们有目的有组织开展的、带有意识形态性特征的教育活动。”① 将“阶级的教育”改造为“摆脱统治阶级影响”的、本来意义上的“社会教育”，是马克思不同于以往革命家、思想家的主张。② 这种“改造”是通过用暴力推翻全部现存社会制度的共产主义革命来实现的，用暴力推翻全部现存社会制度的共产主义革命就是同“传统的所有制关系”实行最彻底的决裂，同时，共产主义革命在彻底推翻私有制的基础上，追求的是改变社会教育的性质，以达到同“传统的观念”实行最彻底的决裂。马克思在《共产党宣言》中对此有着非常精辟的论述，在揭示比以往“阶级的教育”与“社会教育”两种不同“教育”的差别时，马克思毫不留情地揭穿了资产者的谎言，同时说明了自己的意图。“共产党人并没有发明社

① 武东生：《马克思主义理论关于思想政治教育本质的基本观念》，载《教学与研究》，2014 年第 2 期。

② 武东生：《论马克思关于“思想政治教育”的主要思想》，载《理论学刊》，2014 年第 3 期。

会对教育的作用；他们仅仅是要改变这种作用的性质，要使教育摆脱统治阶级的影响。”① 无产阶级政党的思想教育作为一种精神生产活动，其内容、过程、方法、基本属性都与以往“阶级的教育”有着质的不同。也就是说，“思想政治教育”这种具有意识形态特征的教育活动会随着阶级社会的消亡而消亡，在马克思设想中的共产主义社会转变为全体社会成员自觉自愿的“自我教育”。

从对“教育”性质的改造上，可以看出马克思所设想的无产阶级思想政治教育最终摆脱阶级的束缚，转变为一种“社会教育”。在此过程中，作为无产阶级政党的共产党人，他们从不忽视对工人的教育，但是他们坚持以“现存的阶级斗争”、对“眼前的历史运动的真实关系的一般表述”来教育工人、启发工人，使得工人阶级本身清楚地认识到共产主义与自身阶级、与人的解放的关系，由此可见，“共产主义”无非是工人阶级“精神发展”的结果。从“教育”作为一种精神生产活动的角度来看，无产阶级既是教育者，也是受教育者，成为具备“真正革命的”“消灭阶级本身”性质的“无产阶级”，他们在实践中以高度的自觉为教育自身生产精神产品，在将精神产品用以教育自身的过程中，实现“精神发展”和人的“精神解放”。

二、马克思考察“思想政治教育”的立足点

毋庸置疑的是，分析的视角在某种程度上决定了审视和考察研究对象的立足点，也决定了透过这种视角，研究对象所呈现的面貌。马克思在思考和观察“思想政治教育”这种人类社会历史现象的过程中，正是在唯物史观的基础上，运用“精神生产”的方法详细地分析了“思想政治教育”这种特殊的精神生产过程。在精神生产的视角下，“精神”“精神生产”“生产”“分配”“交换”“消费”等语词构成马克思思想政治教育理论的

① 《马克思恩格斯文集》（第 2 卷），北京：人民出版社 2009 年版，第 49 页。

核心概念，成为马克思说明不同时期思想政治教育现象的思想工具，由此申论思想政治教育作为人类历史发展过程的必然产物，兼具精神性与物质性，统一于人类现实的实践活动之中，其实然层面的展开过程同样也构成了应然层面的价值实现。

马克思彻底推翻了以往哲学从观念形成的角度来解释实践的习惯，建立起从实践出发来解释观念的全新思维方式。更为具体地说，马克思运用精神生产方法从以下三点出发来考察思想政治教育现象。这三点层层递进，将马克思对思想政治教育现象的分析和考察推向深入。

第一，从物质实践出发来解释观念的形成。① 毫无疑问，思想政治教育无论是作为一种客观社会历史现象，还是作为一种具体的思想政治工作，从较为宽泛的角度来说，都必然关涉人的“思想、观念、意识”。但需要强调的一点是，思想政治教育所关心的人的思想意识属于一种“特定观念”，而非等同于全部的观念。那么，要分析这种“特定观念”的形成原因，人的思想、观念、意识与现实和实践之间的关系就成为更基本的问题。

在马克思那里，实践对于观念形成的重要性来自于一种更重要的假设，即“现实”本身应该被视为一种“实践”。如果按照以往哲学的思维方式，现实只被限定为人的活动的产物，那么，人所能做的就只能是从外部世界中获取现实如何被实践所构造的知识。事实上，马克思认为，人正是通过实际的生产，在改造现实的过程中，才意识到他们并非是在“沉思”中完成认识世界的过程，相反，人是在建构外部世界的过程中，也就是在实践中，完成了认识世界的任务。马克思将这一认识在《德意志意识形态》中表述为“发展着自己的物质生产和物质交往的人们，在改变自己的这个现实的同时也改变着自己的思维和思维的产物”。“不是意识决定生活，而是生活决定意识”②。因此，实践对意识的决定性，也决定了“从物

① 《马克思恩格斯选集》（第 1 卷），北京：人民出版社 1995 年版，第 92 页。
② 《马克思恩格斯选集》（第 1 卷），北京：人民出版社 2012 年版，第 152 页。

质实践出发来解释观念”成为马克思运用精神生产方法分析思想政治教育问题的根本出发点。

既然思想政治教育所涉及的并非是观念所含的全部内容，如何更加细致地区分思想政治教育与神学、哲学、伦理学、心理学等学科研究“观念”问题的差异？只有解决了这个问题，才能更精确地划分出思想政治教育的研究对象。马克思在使用精神生产方法分析思想政治教育问题时列出了更进一步的评判标准，马克思认为，“人的观念”都是“他们的现实关系和活动、他们的生产、他们的交往、他们的社会政治组织的有意识的表现”。① 马克思还特别在“有意识的表现”之后补充“不管这种表现是真实的还是虚幻的”。这一点说明，马克思区别于以往的哲学家，他敏锐地认识到人的观念并不是对其实践直接的反映，人的观念会因个人本身局限于有限的物质实践而产生对现实虚幻的或歪曲的反映，这就是马克思语境中的“意识形态”。在此，马克思提出思想政治教育所关涉的一个重要和核心的内容——“意识形态”。正是这一点，将思想政治教育所关心的“观念”问题与其他学科所关心的“观念”问题区别开来。

作为思想政治教育所关涉的重要内容，在马克思那里，“意识形态”是以“虚幻的”或“不适当的”意识表现出现，是一种对实践的不恰当的表达。但马克思又分析了意识形态这种不恰当的表达并非是人的认识过程出错，而是实践局限所导致的必然结果，“如果这些个人的现实关系的有意识的表现是虚幻的，如果他们在自己的观念中把自己的现实颠倒过来，那么这还是由他们的物质活动方式的局限性以及由此而来的他们狭隘的社会关系所造成的。”② 马克思的这一观点就将对思想政治教育这种社会历史现象的分析引向了实践的更深处，即在社会生产力和社会生产关系的矛盾处剖析思想政治教育现象。

① 《马克思恩格斯选集》（第 1 卷），北京：人民出版社 2012 年版，第 151 页。
② 《马克思恩格斯选集》（第 1 卷），北京：人民出版社 2012 年版，第 151 页。

第二，从物质生活的矛盾中，从社会生产力和生产关系之间的现存冲突中去解释思想政治教育产生与发展的问题。正是“社会生产力和生产关系之间的现存冲突”孕育了不同观念的形成，并促使固有观念在新的条件下发生变化。社会生产力和生产关系的同步发展只是一种存在于理想之中的状态，在现实之中并不存在。实际上，社会生产关系总是会出现超前或滞后于社会生产力发展的状态，由此产生了社会生产力和生产关系之间的冲突。不同观念的产生、各种思想体系的冲突、政治思想的对抗，正是不同利益团体对其所处的社会生产力和生产关系现实矛盾在观念上的表达。

更具体地说，马克思认为，人是一种对象性的存在，人将自己视作主体，将其所处的世界作为认识的对象。分工产生之前，人的意识是一种“实践的意识”，即人作为主体，其所从事的实践活动与其所产生的意识既是同一也是统一的。但在体力劳动与脑力劳动的分工产生之后，“实践的意识”由于其存在的物质基础的瓦解也随之消失了。自此之后，从个人“观念”的产生来说，单个人不再同时从事物质的生产和精神的生产，精神产品也不再是个人从事物质生产的直接产物。取而代之，专门从事精神生产的“意识形态家”垄断了精神生产的资料，并将生产出来的精神产品强加给不占有任何精神生产资料的被统治阶级，产生了一种人的精神异化现象。

伴随“阶级”的出现，直至阶级的对立阻挠了人的意识、精神的正常发展，人的精神发展与其所处的物质生产过程的矛盾被激化。“国家”作为调节阶级矛盾的产物出现，为将不同阶级的矛盾维持在一定的范围之内，必然要在思想上使全体社会成员达成一定的共识。但面对实际上各阶级对精神生产资料占有不平等的状况，思想政治教育的产生有了直接的必要性和紧迫性。同时，马克思的思想政治教育理论也指明了不同社会形态中思想政治教育发展的不同阶段和未来社会思想政治教育发展的方向。由此，不难发现，具体促使思想政治教育向下一阶段发展的动力就来自于统治阶级与被统治阶级之间思想社会关系的不平衡发展，以及为改变这种不平衡发展而采取的实践行动。

第三，在社会各阶级之间的“思想的社会关系”中，马克思具体考察了造成“统治阶级的思想在每一时代都是占统治地位的思想”的原因，以揭示思想政治教育的本质与可发挥作用的空间。马克思认为，“一个阶级是社会上占统治地位的物质力量，同时也是社会上占统治地位的精神力量”。① 这一点很容易理解，在物质生产中占据统治地位的阶级，同时占据着对物质生活资料和精神生活资料的支配权，他们必然利用手中的权利将本阶级的意志变成全体社会成员的意志。所以造成那些不占有精神生产资料的阶级，他们的思想一般地是受统治阶级支配的。具体来说，统治阶级通过控制思想生产的方式，决定了社会中主导的思想观念必然表达的是占主导地位的物质关系，如资本主义社会通过学校教育、新闻媒介宣传“自由、平等、博爱”的价值观，就是资产阶级发展资本自由市场的经济要求在意识形态领域的必然表现。

在这里，有一个很容易被忽视的重要问题，处于被统治地位的无产阶级生产的观念未必反映了自己的真实利益。恰恰相反，其所表达的却是统治阶级的利益。为什么被统治阶级无法直接表达本阶级的意志，他们所具有的观念反而表达的是统治阶级的利益呢？这是由于被统治阶级生活在旨为统治阶级利益服务的生产关系之中，在精神生产中并不掌握生产资料，且处于被动消费精神产品的地位，其所生产的观念必定由此决定，同样局限为统治阶级的利益服务。正是在这种不平等的思想社会关系中，“思想政治教育”找寻到发挥作用的空间，思想政治教育正在精神生产的生产、消费、交换、分配的环节中，发挥着调节精神生产资料和调配精神产品的功能。例如，在无产阶级的形成过程中，统治阶级为了达到自己的目的而有意识地把自己的利益说成是社会全体成员的共同利益，他们采用的方式是赋予本阶级的思想以“普遍性的形式”，并且把它们描绘成“唯一合理

① 《马克思恩格斯选集》（第1卷），北京：人民出版社2012年版，第178页。

的”“有普遍意义”的思想，这种在全体社会成员面前把本阶级思想描绘成“唯一合理的”且“有普遍意义”的“教育”活动就是资产阶级所进行的思想政治教育活动。

但是，马克思还是从中敏锐地意识到，无产阶级由于其特殊性，仍然存有产生“自觉的阶级意识”的可能，这种可能的实现离不开无产阶级思想政治工作发挥的巨大作用。这种作用的发挥必须具备一定的社会条件，当无产阶级和资产阶级已经到达完全对抗的程度时，社会矛盾激化，资本主义大工业的发展最终将统治阶级的整批成员抛到无产阶级队伍中，在与封建保守势力的斗争中，资产阶级都不得不向无产阶级呼吁，要求无产阶级援助并把其卷进政治运动。于是，资产阶级自己就把自己的“教育因素”① 即反对自身的武器给予了无产阶级。② 在这里，无产阶级思想政治教育正是借助于这些“教育因素”，以及自觉转变到革命阶级立场的一小部分资产阶级思想家建立起无产阶级的意识形态，通过将这种无产阶级的意识形态灌输给工人阶级的方式，促使其阶级意识的萌发和生产，使工人阶级的精神活动提高到有组织地进行思想斗争的水平，以高度的自觉对当时时代条件下处于主导地位的意识形态进行尖锐的批判与反抗，为全世界无产者的联合斗争做好思想上的准备。

三、马克思思想政治教育理论的主要内容

马克思的精神生产理论是针对人类精神生活领域而进行的考察，关注的核心问题是“人的意识”，由此推论，毫无疑问，“人的思想观念”也是“思想政治教育”关注的核心问题。马克思从批判黑格尔“唯心主义精神生产论”的观点出发，随着创立唯物史观的过程，建立了唯物主义的精神

① “教育因素”在1888年《共产党宣言》的英文版中是“政治教育和普通教育的因素”。

② 《马克思恩格斯文集》（第2卷），北京：人民出版社2009年版，第41页。

生产理论，进而又深入资本主义社会精神生产体系的内部去考察精神生产全过程的各个环节。在这个过程中，马克思坚持从物质生产实践出发，在现实社会条件的前提下考察人的思想、观念、意识变化发展的过程。

正是在这个意义上，马克思从物质生产实践中所蕴含的对“思想政治教育”的需求出发，阐释了思想政治教育的历史产生，以及思想政治教育伴随社会生产力发展而在人类不同社会形态中经历的历史演变历程。从宏观的角度论述了物质生产实践及实践产生的需求对于思想政治教育的决定性作用，还有思想政治教育在客观上对物质生产实践的促进作用。从中观的角度论述了思想政治教育对于协调物质生产实践中社会关系的作用，以及在特殊的革命时期凝聚团结无产阶级、启发无产阶级阶级意识，在阶级社会中凝聚物质生产劳动者的精神力量方面所发挥的巨大作用。从微观的角度论述了思想政治教育对于消除“现实的人”“从事物质生产实践活动的人”的“精神异化”现象所发挥的作用，进而彰显了无产阶级思想政治教育所追求的“人的精神解放”的崇高目标。

按照马克思“精神生产”的分析方法去梳理其思想政治教育理论，就会发现马克思关于思想政治教育的思想既丰富又深刻。譬如《德意志意识形态》中的若干段落，“分工只是从物质劳动和精神劳动分离的时候起才真正成为分工——与此相适应的是玄想家的、僧侣的最初形式”①，“分工不仅使精神活动和物质活动——活动和思维，即没有思想的活动和没有活动的思想、享受和劳动、生产和消费由不同的个人来分担这种情况成为可能，而且成为现实，而要使这三个因素彼此不发生矛盾，则只有再消灭分工”②，“无论为了使这种共产主义意识普遍地产生还是为了实现事业本身，使人们普遍地发生变化是必需的，这种变化只有在实际运动中，在革命中

① 《马克思恩格斯选集》（第1卷），北京：人民出版社2012年版，第162页。

② 《马克思恩格斯选集》（第1卷），北京：人民出版社2012年版，第162—163页。

才有可能实现”①，“意识的一切形式和产物不是可以通过精神的批判来消灭的，不是可以通过把它们消融在‘自我意识’中或化为‘幽灵’、‘怪影’、‘怪想’等等来消灭的，而只有通过实际地推翻这一切唯心主义谬论所由产生的现实的社会关系，才能把它们消灭；历史的动力以及宗教、哲学和任何其他理论的动力是革命，而不是批判。”② 这些，无疑都可以看作是讨论我们称之为思想政治教育的那种现象。再譬如，“构成统治阶级的各个人也都具有意识，因而他们也会思维；既然他们作为一个阶级进行统治，并且决定着某一历史时代的整个面貌，那么不言而喻，他们在这个历史时代的一切领域中也会这样做，就是说，他们还作为思维着的人，作为思想的生产者进行统治，他们调节着自己时代的思想的生产和分配；而这就意味着他们的思想是一个时代的占统治地位的思想”③，“调节思想的生产和分配”，于是某种思想成为占统治地位的思想，这真是一针见血！

马克思在精神生产理论中透彻地分析了一系列基本问题，这些问题也是思想政治教育理论最为基本的问题。

第一，从唯物史观的高度对“人的意识的生产”过程的分析，就是对“思想政治教育”做一种“自然历史过程”的阐释。此外，马克思还特别结合国际共产主义革命的实践对精神生产活动的需求进行了详细的论述，这一点正是作为一种“实际工作”的思想政治教育在革命时期所发挥的特殊作用。

第二，马克思在论述精神生产与社会生产之间的关系，包括物质生产对精神生产的决定作用，精神生产对物质生产的反作用等方面，实际上阐述的就是思想政治教育在整个社会中所占据的位置，所具有的功能和能够发挥的作用，以及思想政治教育与物质生产、人自身的生产之间的关系问题。

---

① 《马克思恩格斯选集》（第1卷），北京：人民出版社2012年版，第170页。

② 《马克思恩格斯选集》（第1卷），北京：人民出版社2012年版，第172页。

③ 《马克思恩格斯选集》（第1卷），北京：人民出版社2012年版，第179页。

第三，马克思在追溯精神生产的原始发生和历史演变时，阐述的就是思想政治教育的产生和发展的问题，同时马克思还阐述了阶级社会、国家政治共同体以及特殊的革命时期对思想政治教育的需要，并且论述了共产主义革命在实现无产阶级思想政治教育的最高使命——人性的复归和人的精神解放过程中所发挥的重要作用。

第四，马克思对精神生产全过程的论述，就是对于思想政治教育作用机制最为精辟的分析和考察，说明了思想政治教育者、教育过程、教育对象、教育方法以及它们互相之间的关系和具体的作用机制问题。

总的来说，马克思在精神生产理论中梳理的“人的意识的发展”“人的意识的生产与人类社会其他四种生产的关系”“精神生产与物质生产的关系”“精神生产对于物质生产的推动作用”“资本主义条件下精神生产的新变化”“自由的个人”“人的精神解放”等内容都是思想政治教育最为基本的内容和最主要的问题。

四、马克思思想政治教育理论的科学性

目前学界专注于研究马克思思想政治教育理论的学术著作为数不多，在这些研究中，对于马克思思想政治教育理论的解读多集中于“如何用科学理论武装工人的头脑”①，或者将马克思的思想政治教育理论等同于马克思在手稿书信中多次提到和使用的“政治宣传工作”和“宣传鼓动工作”。这两种解读方法代表了思想政治教育学界以往研究比较集中且具有一定代表性的认识。但是，正是这两种认识导致了外界一度将“思想政治教育”误解为只是一种以“灌输”为手段开展的“工作”，并不具有“理论深度”。

随着近年来学界“回到马克思”“走近马克思”“走进马克思”的尝

① 李征：《马克思恩格斯思想政治教育理论与实践研究》，北京：北京大学出版社 2011 年版，第 1 页。

试，将思想政治教育局限于一种鼓动革命的“宣传工具”的认识局限性和落后性愈加明显。本书以“精神生产”的视角切入对马克思思想政治教育理论的研究，在此阶段，所总结出的马克思成熟的思想政治教育理论体系对于诸多学界尚未完全说清楚的问题，以及实践中所提出的亟需解决的问题都具有强大的解释力，再次有力地证明了马克思关于“思想政治教育”问题思考的“理论体系”确实存在，并且具有科学性。

按照当代社会科学的规定，“一套恰当的社会政治理论必须是经验性的、诠释性的以及批判性的。”① 随着革命斗争经验的积累和理论研究的积淀，马克思对“精神生产”的认识从批判唯心主义精神生产理论出发，到创建唯物主义精神生产理论，再到从政治经济学的视角深入到精神生产的内部结构，可谓是一步步加深，透过现象洞察到事物的本质。伴随着这一历程，马克思对“思想政治教育”的认识也从一项革命斗争需要的具体工作逐渐深入到一种理论体系的建构，具体来说，就是从“思想政治工作”到“思想政治教育科学”的建构过程。正是在这个前提下，可以判定马克思的思想政治教育理论已经具备了经验科学、意义理解和实践批判的三重维度。

“精神生产”的概念重点在于“精神生产的过程”，即精神产品是如何被生产出来的过程，又是如何对人的思想、观念、意识发挥作用，这一过程恰恰也正是我们今天称之为“思想政治教育”的主题。生产关系是马克思理论中最为重要的概念，对资本全部过程的研究，无非是揭示其中人与人的关系。马克思在政治经济学研究的成熟阶段，不仅对人与人之间物质的生产关系进行了深入的剖析，在这种物质生产关系之下，马克思又深入到人与人之间精神的生产关系，剖析了随着社会生产力的发展和物质生产关系的改变，人与人之间精神生产关系发展的变化，即思想政治教育作为一种自然历史现象的客观发展过程。在精神生产的视角下，马克思思想政

① 〔美〕理查德·J.伯恩斯坦：《社会政治理论的重构》，黄瑞祺译，北京：译林出版社 2008 年版，第 303 页。

治教育理论对于这一社会历史现象的精确描述可以证明其自身理论的科学性。

马克思不仅做到了对一种社会历史现象的客观描述和分析，而且揭示了资本主义条件下，人的精神生产关系或者说是思想上的社会关系被“物化”的状态，指出了彻底改变资本主义条件下人的“精神异化”的根本方法和途径，即在世界范围内掀起共产主义革命，彻底消灭私有制。马克思强调无产阶级革命在实现“两个决裂”时发挥的关键性作用，共产主义运动就是要改变既有的生产关系并彻底同传统的观念实行决裂，最终实现全体人的精神解放和人性的复归。这两点正是马克思思想政治教育理论的意义价值和对实践的批判维度。

正是从这个意义上，可以判定马克思的思想政治教育理论伴随着精神生产理论成熟的脚步也形成了完善的理论体系。马克思为思想政治教育作为一门科学确立了所应追求的最高目标，以及在经验科学和意义理解基础之上生成了它独特的实践批判价值。

五、马克思思想政治教育理论的强大解释力

把“教育”作为人类精神生产的一种形式置于实际生活及其历史发展中，通过对现实生产和交往关系的考察，理解和说明“政治教育”“阶级的教育”的来龙去脉，这是马克思研究思想政治教育的基本方法。① 正是在精神生产的视角之下，马克思思想政治教育理论体系的成熟，可以解释清楚很多以往对思想政治教育存在的误解和学界研究中模棱两可、模糊不清之处，从而特别对思想政治教育的发生、发展、运行机制进行深入而具体的认识和说明。

第一，马克思思想政治教育理论已经深入思想政治教育的内部，探究

---

① 武东生：《论马克思关于“思想政治教育”的主要思想》，载《理论学刊》，2014 年第 3 期。

其“如何成为”一种普遍的社会现象，以及在不同生产关系条件下“思想的教育”“政治的教育”所表现出的不同性质。学界以往习惯于在“社会需要论”的分析模式下对思想政治教育展开研究，但这种分析很容易造成社会成员对“思想政治教育”形成一种狭义的工具论理解，仅仅将之归为统治阶级统治和管理社会成员的思想工具。这种理解会造成两个严重后果：一是，在当下主张凸显人的主体性的背景中，狭义的工具论意义上的思想政治教育丧失其对社会成员的吸引力和说服力。二是，“社会需要论”阐释模式容易使教育对象对接受思想政治教育形成一种厌烦情绪，造成教育效果式微的后果。

马克思运用精神生产方法对“思想政治教育”这种社会现象的分析说明，不仅能够在一般的意义上说明思想政治教育在不同社会形态中的普遍存在，而且能够区分资产阶级思想政治教育与无产阶级思想政治教育的根本区别，同时也指明了在社会主义条件下，随着精神生产关系的改造，社会成员所接受的思想政治教育也会转变为一种自觉自愿的自我教育，既是一种“属人”的教育，也是一种“为人”的教育，避免了“人的空场”。

第二，马克思的思想政治教育理论可以解释思想政治教育的规律及作用机制。在学科研究尚未成熟的阶段，学界倾向于将思想政治教育定位为一种教育活动，并借鉴教育学的规律对其加以说明。实际上，正如马克思在《1844年经济学哲学手稿》中所做的“特殊的形态”的譬喻，将宗教生产、道德观念的生产、科学生产、艺术生产都作为精神生产的一种特殊的形式，同时，马克思还强调宗教、道德观念、科学和艺术这些“精神产品”的生产都受“生产的普遍规律”支配。这表明，运用精神生产的方法分析“思想政治教育”这种特殊的精神生产活动，可以发现其发展变化和作用的发挥是有规律可循的，是完全可以用类似于对物质生产的分析方法对其加以精确考察的。因此，思想政治教育必然可以看作是思想、观念、意识一定的生产部门。在分析思想政治教育时，利用“生产”和作为生产前提和条件的“社会关系”的概念，恰好能够揭示思想政治教育的规律及作用机制。

第三，马克思的思想政治教育理论可以解释思想政治教育对“现实的人”的存在状态，尤其是人的精神解放的关切。在马克思精神生产的视角下，思想政治教育关切的是“现实的人”。马克思对“精神生产主体”认识的成熟经历了一定的过程，从《1844 年经济学哲学手稿》中批判黑格尔的自我意识开始，马克思多次强调要用“自我意识的人”来代替“自我意识”，从而使“人”的因素在马克思的视域中出场，他反对黑格尔将自然界归结为自我意识的质，而主张精神生产的主体并不是自我意识，而是现实的人。同时，马克思强调“现实的人”在思想政治教育的过程中扮演着重要的角色。从认识论的角度看，在具体的精神生产过程中，“现实的人”扮演着“认识主体”和“生产主体”的双重角色。因此，人的生存和发展都与思想政治教育存在着紧密的联系。生命的生产，无论是通过劳动而达到的自己生命的生产，或是通过生育而达到的他人生命的生产，就立即表现为自然和社会的双重关系。但是，随着体力劳动和脑力劳动的分工，市民社会和政治国家的分离，人的异化现象出现不可避免，人在被物异化的同时，人的精神异化成为更加凸显的问题。马克思正是因为这一点，强调“思想政治教育”在这一过程中能够通过对精神生产资料的分配进行调节、对人与人的精神生产关系进行改造的方式来改变人与人之间的精神生产关系，从而达到解放人的思想，改变人的生存状态的目的。

综上所述，无论是将思想政治教育作为一种客观的社会历史现象，还是将其作为一种具体的工作，马克思的精神生产方法都对其具有强大的解释力。在精神生产的视角下，可以发现，马克思对人的思想、观念、意识的分析，并不是将其作为孤立的、个别的现象加以研究。相反，马克思在总体性的原则之下，以考察整个社会的结构、社会生产的各个部门以及各部门之间的关系为前提，从一种整体的视角对人的思想、观念、意识进行全面的考察，进而深入到对人的思想观念产生影响的“政治教育活动”的研究。正是在这个意义上，可以判定马克思的文本中蕴含着一个层次丰富、成熟完善的“思想政治教育理论体系”。

本章小结

1849至1883年是马克思思想政治教育理论的成熟期。马克思在这一时期忍受着失去爱女的苦痛，克服了生活中贫病交加的困难，在伦敦“离群独居”的状态中，一方面利用大英博物馆的文献资源和对英国工人阶级实际生产生活进行调查的一手资料，以极其严肃认真的治学态度对政治经济学，尤其是资本主义经济生产的规律进行了详细的研究。这些研究最后以《资本论》为名出版，马克思对政治经济学的研究不仅批判了以往资产阶级政治经济学研究的局限性和虚伪性，更重要的是为认识人类社会发展规律及本质提供了实证的分析，为第一国际乃至巴黎公社为代表的国际工人运动提供了科学的理论支撑。

马克思在此阶段对人类精神生产活动的研究从早期的哲学批判立场转向了政治经济学批判的立场。马克思批判了资产阶级古典经济学家精神生产理论存在的错误，深入地阐述了唯物主义精神生产理论的基本原理，并具体分析考察了资本主义条件下的精神生产过程，对共产主义社会精神生产的发展趋势进行了科学预测。

在《资本论》及其手稿中，马克思着眼于资本主义特定的生产关系，从处在这种特定生产关系的“现实的个人”出发，揭示出商品、货币以及资本对人的“物化”现象，人在一种不自觉的状态中受到商品拜物教、货币拜物教和资本拜物教的奴役。在资本主义生产方式中，虽然人的精神刚从“封建的”“教会的”统治之下解放出来，又很快陷入到资本主义意识形态的束缚之中。马克思在此阶段从经济学和哲学的双重维度论证了资本主义条件下，如何使人摆脱自然界对人的控制，进而摆脱社会关系和虚假的“意识形态”对人的束缚。对此，马克思直接提出必须消灭“雇佣劳动”，“资本”对人的“抽象统治”正是通过雇佣劳动这种具体的形式来实现。在消灭雇佣劳动，进而实现“自由的劳动”和“自由的个人”的过程中，才有可能彻底颠覆资本主义的意识形态，从而走向人的真正的解放，使人不仅在物质层面获得解放，更重要的是在精神上获得根本的解放。

马克思的思想政治教育理论在这个阶段随着其精神生产理论的成熟也达到了成熟的状态。基于唯物史观和政治经济学双重维度的论证，马克思不仅解释了作为“自然历史过程”的思想政治教育现象，而且，马克思精神生产理论所揭示的现实问题以及针对这些问题提出的解决方案又具有现实性和实践性，这说明马克思在此阶段关于思想政治教育的思想已经具备了经验科学、意义理解和实践批判三重维度，可以证明其思想政治教育理论体系的建立和成熟。

第五章　马克思思想政治教育理论的基本结论

本章遵照把“教育”作为一种人类精神生产形式的思路，并将其置入人类社会发展的历史背景之中，从社会发展不同阶段的现实生产和交往关系的变化出发，来理解并说明建立在其上的“思想政治教育”现象，不在马克思思想发展每一阶段关于“思想政治教育”的具体思考上着墨，而是从更为一般的层面来阐释马克思本人对“思想政治教育”问题的基本思考和基本观点，以明晰在马克思那里，这种“人类特殊的精神生产活动”到底“是什么”“为什么”和“怎么样”的基本问题。

本章第一部分以“教育”这种人类精神生产和再生产的方式手段在人类社会发展不同阶段的变化为线索，重点分析三种“教育”形态，即“普通教育”“阶级的教育”，以及“社会教育”。选取这三种特殊形态是因为它们能够较为典型地说明“教育”这种精神生产方式是如何随着物质生产和人的生产关系的变化而变化的。并且，以物的依赖性为基础的社会中的“阶级的教育”，以及在人的全面自由发展社会中的“社会教育”恰恰是马克思阐述的重点，也是构成马克思思想政治教育理论的重要部分。第二部分则具体分析思想政治教育作用机制的构成要素和机制的运转过程，较为清楚地说明思想政治教育在革命时期和国家共同体中是“怎么样”发挥作用的问题。第三部分重点在“共产主义”与“人的精神解放”中理解无产阶级思想政治教育的价值旨归。

本章的落脚点在于说清楚马克思所实践的无产阶级思想政治教育与以往“教育”的本质性区别，以及对最终实现“人的解放”和“共产主义运动”，尤其是人的“精神解放”所发挥的巨大作用。无产阶级思想政治教育在走向共产主义的过程中，在革命的初期不可避免地要发挥工具性的作用，鼓舞广大的无产者积极参与革命运动，启发其阶级自觉，使其形成阶级意识。但是，无产阶级思想政治教育有一种清醒的“自觉”，只有在共产主义革命中，彻底消灭私有制，并且同以往观念实行彻底决裂，在彻底被变革的生产关系中，才能在“人的意识的生产”中树立牢固的物质根基，最终实现“人的精神解放”，使人真正享有“精神上的丰富性”。此时的无产阶级思想政治教育也完成了自身的历史使命，最终转变为一种全体社会成员的“自我教育”和“社会教育”。

第一节 思想政治教育作为人类社会中的一种历史现象

根据社会生产的不同形式在人类社会发展过程中的不同作用，马克思把人类社会划分为三大形态，第一阶段是以人的依赖性为基础的社会，第二阶段是以物的依赖性为基础的社会，第三阶段是人的全面自由发展的社会。思想政治教育作为人类社会中的一种历史现象，在人类社会发展的三大形态中表现为不同的“教育现象”。在对三种“教育现象”展开论述之前，有必要对如何理解思想政治教育作为一种“历史”现象的问题加以说明。

一、思想政治教育作为一种“历史”现象

“思想政治教育是人类文明社会中一种普遍的社会现象”，这是马克思

思想政治教育理论的基本结论。理解这一点，至少从“思想政治教育现象”的历史性和客观性两方面入手。

第一，思想政治教育是一种“历史现象”。之所以这样说，一方面有历史考据作为最直接的例证，人类社会发展的各个阶段都能找到人类进行精神生产活动的印记，人类在从事物质生产的过程中，无论处于什么样的生产力发展水平，都会积极地利用生产生活中各种各样的精神生产资料，创造出丰富多彩的精神产品，这一点可以从历史考证资料中查实。

另一方面，精神生产理论属于唯物史观的一部分，想要理解作为精神生产形式的“思想政治教育”，就要从根本上理解马克思唯物史观中的“历史”意涵。美国马克思主义哲学家悉尼·胡克就曾针对人们对唯物主义历史观的误解，解释说，“马克思其实是把这种历史观当作一种理解和创造历史的方法提出来的，而他的信徒却力图把它变成一种社会学的体系。”① 胡克将马克思的历史观理解为一种方法，他认为马克思并不是把历史理解为记录社会生活的年表。历史上曾经发生过的所有事情只是历史的结果，要想使这些“历史的结果”变成有意义的材料，必须先对其加以说明和解释。马克思曾用浅显易懂的语言直接表达过自己对历史的认识，“历史不过是追求着自己目的的人的活动而已。”② 历史是一个过程，它同一切别的自然过程的区别就在于它是“人追求其目的的活动”。《德意志意识形态》中对“社会关系”的解释也体现出马克思对“历史”的理解，人们之间一开始就有一种物质的联系。这种联系是由需要和生产方式决定的，它和人本身有同样长久的历史；这种联系不断采取新的形式，因而就表现为“历史”。③

由此，我们可以发现对思想政治教育是一种社会历史现象的理解可以

---

① 〔美〕悉尼·胡克：《对卡尔·马克思的理解》，徐崇温译，重庆：重庆出版社1989年版，第97页。

② 《马克思恩格斯选集》（第1卷），北京：人民出版社2009年版，第295页。

③ 《马克思恩格斯选集》（第1卷），北京：人民出版社2012年版，第160页。

分为几个层次：第一，唯物史观是马克思分析人类社会历史发展的一种方法；第二，“历史”并不单是记录某一历史事件发生的始终，而是社会关系因为新的需要产生和生产力发展的不断推动，而产生新的社会关系的凝结过程。这说明，历史不是由某一个历史人物的主观意识决定的，历史是伴随生产力发展而形成的客观的社会现象；第三，这种“历史现象”具有社会性，即在不同的生产力发展阶段，必然有对应的人的共同活动的方式而形成的生产方式，以及与此对应的社会发展阶段，正是在这不同的阶段之中，思想政治教育也表现出不同的形态，发挥出不同的功能和作用。

第二，思想政治教育是一种“客观”的历史现象。一方面，精神生产作为人所特有的一种精神活动，如果从精神生产的主体——“现实的人”的角度来说，精神生产是借助于人脑的功能才实现了“精神、意识、观念”的“生产”。可以说，这种特殊的活动是人类的脑力或智力在漫长的生产劳动过程中，逐步发展、完善和独立的结果。另一方面，思想政治教育的发展变化是由人类物质生产方式和生产关系的变化所决定的，在人类社会发展的每个阶段，思想政治教育赋有什么样的功能和价值，需要解决什么样的社会需要和个人发展需要，采用什么样的方式实现教育目的，这些都不是由某个历史人物的意志所决定，也不是可以任意主观臆造的。从这个意义上说，作为精神生产形式的“思想政治教育”具有存在的现实基础，而非是主观臆造的结果。

从人类历史发展的纵向角度看，精神生产理论建立在唯物史观的基础之上，精神生产这种活动具有一般性和特殊性，并不是在人类社会发展的各个阶段都保持着一成不变的形式和内容。具体说来，在原始社会和阶级社会的日常生活中，人类日常的精神生产就是人对于自己生产生活的直观反映。但在阶级社会中占据着精神生产资料的统治阶级那里，“思想政治教育”就表现为一种为实现特定目的而进行的“精神生产”活动，即一种“意识形态”的生产活动。统治阶级生产体现本阶级意志的“意识形态”的目的，就是要利用工具性的思想政治教育从精神上实现对被统治阶级的思想控制，以巩固其思想上的统治地位。

最后在马克思科学社会主义理论中描绘的共产主义社会里，随着阶级的消失，国家的消亡，思想政治教育的工具性也随之消失。思想政治教育从阶级社会中的“阶级教育”“政治教育”转变为以“人”本身为目的，使人人都能够自由地进行精神生产活动的“自我教育”“社会教育”。从唯物史观的角度出发，我们今天称之为“思想政治教育”的那种活动伴随人类历史发展过程的始终，也必然凝结为一种客观的人类社会现象。因此，以人类社会发展和思想政治教育发挥的实际作用为衡量的维度，可以确认“思想政治教育”作为一种社会现象的历史性与客观性。

二、以人的依赖性为基础的社会中的“普通教育”

自从有了人类，随着第一个尝试从树上采摘野果的行为发生，人类历史的卷轴得以打开，也开启了人类历史漫长的书写过程。伴随人类劳动活动的展开，为满足扩展生产劳动范围和群体集体协作的需求，人类的思想活动应运而生。从人类社会发展的宏观视角来看，人类的思想活动作为人类自身再生产手段的精神生活，与人类社会的发展变化如影随形。

在以人的依赖性为基础的社会中，由于生产力水平的极端低下，原始人为了生存不得不以“群”的方式生活，进行狩猎和采集野果的活动，借助于“群体”的力量以防御不可抗拒的自然力的侵害或在危急时刻共同抵御野兽的袭击。人们在集体劳作的过程中，由于群体成员在捕猎和采集浆果等劳动中的需要，产生了彼此交流的原始愿望，这是语言产生的物质基础，也是人的精神活动展开的基础。原始社会经历了原始人群和氏族公社两个历史时期，前后共经历了约 170 万年的发展过程。原始社会主要的精神生活包含着语言文字、原始艺术、图腾和宗教、传统和习俗，这些具体的精神生活涵盖的方面都带有集体性精神生活的特点和色彩，“教育”就是这种集体性精神生活中交流经验、积累知识的重要手段，也是人类历史上最早发生并传承下来的一种“精神生产形式”。

与后来的文明社会不同，在人类社会的早期阶段，由于社会生产力发展水平低下，脑力劳动和体力劳动浑然一体，精神生产尚未从社会生产中分化出来，人类的精神生活方式表现为“普通教育”①。这种教育由生产技能的代际相传发展演变为与人们的生产力和交往关系相适应、和物质生产相结合的“智育、体育、技术教育”等等。此时的人类精神生活具有明显的简单性、集体性、社会性和平等性，此阶段的精神活动是原始人类的公有财产，是原始人类赖以生存和繁衍的重要工具，也是人类作为社会性动物而区别于一般动物的重要标志。原始人的意识、观念直接与他们的物质劳动和现实生活交织在一起，并发生直接的联系。原始社会中的人在从事物质生产活动的同时也从事精神生产的活动，他们既是物质生产的主体也是自身精神生产活动的主体。在现今世界各地发现的大量原始社会岩画和洞穴壁画中，描绘的有游牧、狩猎、舞蹈、战争，以及日月星辰、山川草目、手印、脚印等符号，都直接表现出原始人所参与的体力劳动以及在实际劳动过程中对自然的观察。在此阶段，人的“意识”是人对自身实践的直接直观的反映，是一种“实践的意识”，是在人的精神本质、类精神能力发生异化之前的“本真的精神生产”。

到了原始社会晚期的奴隶社会，生产力总体水平相较于原始社会有了很大的提高，剩余产品开始出现，原始共产主义社会解体，私有观念、阶级等级产生。一部分人因身体素质较好，在群体劳动中贡献突出而占有了集体劳动生产的部分剩余产品，这部分人逐渐演变为社会中的奴隶主阶级。奴隶社会中剩余的另一部分身体素质和劳动能力较低的人沦为奴隶阶级。恩格斯在《反杜林论》中认为“奴隶制”的出现，相较于人类原始社会初期的社会交往形式，是一种社会分工的新形态，它为生产力的提高和人类精神活动的进一步发展提供了条件。

---

① 武东生：《论马克思关于“思想政治教育”的主要思想》，载《理论学刊》，2014 年第 3 期。

在奴隶社会中，人们思想的内容和形式都发生了变化，精神的生产和再生产逐渐具有了政治性，整个社会的精神生产和再生产开始为统治阶级所掌握，并且为维护这一群体的特殊利益服务。具体来说，奴隶主阶级将体力劳动转嫁给依附其生存的奴隶阶级，无情地剥夺了奴隶的自由时间，占有了奴隶阶级劳动生产的剩余产品，因此获得了一定的闲暇时间。他们利用闲暇时间进行哲学思考和艺术创作。奴隶主阶级的出现以及从奴隶主阶级中分化出来的从事哲学思考和艺术创作的“哲学家”“智者”群体为之后即将出场的“阶级教育”打下了基础，思想政治教育已处于萌芽状态。

三、以物的依赖性为基础的社会中的“阶级教育”

在以物的依赖性为基础的社会中，精神生产的一般形态发生了变化，由于受到客观社会环境的制约，精神生产必然受到现实中意识形态的影响，在总体上是在统治阶级意识形态的主导之下进行。

“阶级教育”“政治教育”是从人的“思想的社会交往”变革中产生，它作为一种“阶级的教育”构成了现实的政治、国家的一部分而维护现存的世界，这种现象从人们生活的历史过程中产生。社会分工的发展导致“现存的社会关系同现存的生产力发生了矛盾”①，并且产生了“单个人的利益或单个家庭的利益与所有互相交往的个人的共同利益之间的矛盾”②，于是社会被阶级所分裂，其中一个阶级统治着其他一切阶级，于是共同利益便采取“国家”这种与实际的单个利益和全体利益相脱离的独立形式，调和各阶级之间的矛盾，并且将这种矛盾控制在一定的范围之内。正是在此条件下，不同于存在于以人的依赖性为基础的社会中的“普遍教育”，“政治教育”这种通过作为“管理统治阶级共同事务的委员会”的“国

① 《马克思恩格斯选集》（第 1 卷），北京：人民出版社 2012 年版，第 162 页。

② 《马克思恩格斯选集》（第 1 卷），北京：人民出版社 2009 年版，第 163 页。

家”来影响精神生产过程的思想政治教育形态出现了。

这种“政治教育”不仅仅构成“宗教和哲学”，而且也构成“国家”。这就意味着，“政治教育”作为一种现实力量实际地束缚和限定生活的生产方式以及与此联系的交往形式。① 这里的“政治教育”包含两方面，一是统治阶级通过“学校”等教育机构和宣传部门进行“阶级的教育”和分配精神生产产品，以达到使接受教育的对象，即那些不占有任何精神生产资料的被统治阶级隶属于统治阶级。二是统治阶级内部的“政治教育”，统治阶级通过内部分工，其中“积极的、有概括能力的意识形态家”专门从事“编造这一阶级关于自身的幻想”，从而发挥着维护统治阶级的权力、消除这一阶级本身受到的威胁的积极作用。

马克思着重论述了资本主义生产条件下的“阶级的教育”，也就是在特定语境下马克思所指资产阶级对无产阶级施加的“政治教育”，这种提法源自于马克思在《共产党宣言》中为共产党人所做的理论辩诬。“政治教育”是人类社会物质劳动和精神劳动分离的必然产物，只要阶级的统治还是社会制度的形式，“政治教育”就是必不可少的。

马克思对“阶级教育”“政治教育”产生的过程进行了详尽的分析，一部分的中世纪农奴在初期城市的发展中转变为城关市民，伴随着城市的扩展和商贸的兴起，市民等级中又孕育出最早的资产阶级分子。市场需求的不断扩大和工业的发展致使资产阶级成为反抗封建主压迫统治的主要力量，但在资产阶级借助工业、商业、航海业和铁路的扩展发起反抗封建压迫的同时，他们的反抗活动本身已经深刻地改变了社会的生产方式，封建社会行会式的工业经营方式被抛弃，覆盖于封建社会表层温情脉脉的面纱被资产阶级无情地揭开，但紧随其后的是，围绕着“资本”运转的资产阶级时代使人和人之间只剩下“赤裸裸的利害关系”和“冷酷

---

① 武东生：《论马克思关于“思想政治教育”的主要思想》，载《理论学刊》，2014 年第 3 期。

无情的’现金交易’”。①

“阶级的教育”所需要的两大物质条件已经具备，社会分裂为决然对立的两大阶级。资本在完全占领了精神领域之后，控制了精神生产的全部过程。同时，资产阶级在掌握了物质生产资料和精神生产资料的前提下，一方面为满足大工业生产的需要，对一无所有只能依靠出卖自己的劳动力生存的无产阶级施加“把人训练成机器”的教育，目的在于提高劳动生产率，最大限度地榨取工人的剩余价值；另一方面，用欺骗和隐瞒的方式对无产阶级施加“阶级的教育”，资产阶级将自己生产出来的符合本阶级利益的精神产品强加给无产阶级，而不顾这些精神产品是否有利于工人的精神发展需求，或者是否能够满足他们精神需要的现实情况，在绝大数情况下，资产阶级“阶级教育”“政治教育”的目的是使无产阶级无法看清自己在资本主义社会中的真实处境，更无法产生关于自身阶级的自觉意识，是对无产阶级的一种蒙蔽与愚弄。

面对由资本主义生产条件造就的无产阶级只能被动地接受资产阶级施加“阶级教育”的状况，马克思试图利用“思想政治教育”的方式唤醒无产阶级的革命意识，使全世界无产者联合为一个统一阶级，最大限度地发挥无产阶级的力量，在实践中彻底推翻资产阶级的统治，彻底消灭私有制，为人类的解放释放物质的基础，在此过程中，无产阶级思想政治教育的诞生首先为无产阶级摆脱资产阶级的“政治教育”提供了有力的“精神武器”。

四、人的全面自由发展社会中的“社会教育”

马克思语境中的“社会教育”并不是指利用社会资源对“学校教育”和“家庭教育”所做的一种补充教育。对这一概念的理解必须建立在对共

① 《马克思恩格斯选集》（第1卷），北京：人民出版社2012年版，第403页。

产主义革命之后所建立的“自由人的联合体”之上。马克思所说“社会教育”中的“社会”是与以往封建社会、资本主义社会从性质上根本不同的一种人类发展阶段。

在《黑格尔法哲学批判》中，马克思反思《莱茵报》工作期间遇到的摩塞尔河沿岸农民贫困问题、林木盗窃法问题时，开始思考黑格尔市民社会与国家关系的理论是否存在矛盾。自此，人、社会以及国家三者之间的关系进入了马克思的研究视野。在研究中，马克思发现正是私人利益与阶级利益的对抗导致了市民社会与政治国家分离。在中世纪，国家夺走了市民社会手中的权力建立了高度政治化的社会，两者合二为一，人没有自己的私生活，人的生活就是国家的生活。但是，资产阶级很快通过政治革命消除了市民社会的“政治性质”，使市民社会在现实生活中与政治国家明显分离，这一结果导致人的世界被分割，私人利益与阶级利益、国家利益处于一种对抗的状态，现实生活中的人既是社会人，也是国家公民，既参与社会生活，也无法逃避参与国家的政治生活。现实的人所享有的人权和公民权被二重化。“在政治国家真正形成的地方，人不仅在思想中，在意识中，而且在现实中，在生活中，都过着双重的生活——天国的生活和尘世的生活。”① 因此，马克思批判资产阶级的政治革命并不是革命的终点，无产阶级的革命才是克服市民社会，扬弃二重性的人及其被分裂的生活的根本途径。

在建立了“新世界”，即实现建立共产主义社会的前提下，才能说“人就是人的世界，就是国家、社会”②。马克思认为在人与社会相统一的条件下，只要是作为人而从事活动，那么人的社会性就蕴含在人的活动之中，不仅语言、生产活动所需的材料是社会的产品，“而且我本身的存在就是社会的活动。”③ 正是在这样的前提下，马克思才来谈论“社会教

① 《马克思恩格斯选集》（第1卷），北京：人民出版社2009年版，第30页。

② 《马克思恩格斯选集》（第1卷），北京：人民出版社2012年版，第1页。

③ 《马克思恩格斯选集》（第1卷），北京：人民出版社2009年版，第186页。

育”。因为社会生活在本质上是实践的，人的本质是在他所处的社会关系中体现出来的，社会教育就是在对人的实践中对其施加影响的一种精神生产活动，社会教育的本质也是一种社会实践的教育。共产主义社会中的学校教育改变了以往的“阶级实质”，作为社会教育的一部分发挥全新的作用，同时，家庭教育、各种社会组织的教育活动也都以全新的面貌出现，个人不再受到家庭出身、财富多寡、居住地点、年龄身份、从事职业、劳动时间等因素的限制，每个人都享有平等且公平的教育权利，完全能够自由地依据自己的意愿选择教育的形式，接受一种社会的终身教育。

在共产主义社会中的人是“真正的人”“完整的人”，所以人可以不受任何阶级的约束，自由地从事精神生产活动，在实践中充分利用各种精神生产的材料，对自己所从事的物质生产、自己所生活的现实世界进行一种“自由的精神生产活动”。这种活动与人在原始社会中所进行的“本真的精神生产”不同，真正实现了精神解放的人是具有高度自觉的人，他们能够充分发挥人的主观能动性，自由地根据自己的兴趣、目的和价值追求进行创作和生产。正如马克思所描述的那样，“在共产主义社会里，任何人都没有特定的活动范围，每个人都可以在任何部门内发展，社会调节着整个生产，因而使我有可能随自己的心愿今天干这事，明天干那事，上午打猎，下午捕鱼，傍晚从事畜牧，晚饭后从事批判”①，但却不会因为社会活动的固定化而被限定为一个猎人、渔夫、牧人或批判者。

第二节　思想政治教育作为一种工作的作用机制

马克思认为，社会是一个在结构上相互关联的整体。因而，不能孤立地研究这个整体的物质方面或精神方面，更不能将其理解成一种孤立的现

---

① 《马克思恩格斯全集》(第3卷)，北京：人民出版社1960年版，第37页。

象，而是要把考察的对象同整个制度运转的方式联系起来。基于“精神生产”的视角，马克思把思想政治教育看作是在人的精神领域开展的一项活动，这项活动是对人类精神产品进行“生产”和“分配”的一种特殊形式，正是借助于这项活动，人与人之间结成了一定的思想和观念的社会联系。

但是，“思想政治教育”这种具有强烈政治性的教育活动，其构成要素在不同的条件下发挥不同的作用，结果必然导致“思想政治教育”的性质和形态发生变化。为了达成社会上占有精神生产资料的统治阶级的“教育”目的，深入剖析“思想政治教育”的构成要素及其在不同历史条件下的作用机制就显得既必要又重要。在此，笔者不对“思想政治教育”的作用机制做一种面面俱到式的阐释，而是在一般的意义上分析思想政治教育作用机制的构成要素及其相互之间的关系之后，仅结合马克思在原著中重点论述的思想政治教育重要作用发挥的几个历史拐点，分析几个具有典型性的思想政治教育作用机制。

一、思想政治教育作用机制的构成要素

思想政治教育作为一个包含多重要素的整体，在不同历史条件下发挥着不同的作用，具体发挥什么样的作用，怎样发挥作用，都不可缺少对构成要素的分析。在马克思构建的思想政治教育理论中，他在分析无产阶级革命爆发的社会条件和因素时，其实质上也是在分析无产阶级思想政治教育开展的社会条件和诸多因素。思想政治教育这种具有意识形态性的教育活动无论是从人类社会发展纵向的历史维度来看，还是从人类社会发展的横截面进行审视，思想政治教育从来都是在不同时期彼此各异的机制中发挥作用，例如在国际共产主义运动的历史上，尤其是在革命爆发前的革命思想宣传工作，革命运动中的政治动员工作，就与取得政权之后，在建设和巩固政权的时期所发挥的凝聚人心、取得社会共

识的工作机制完全不同。

从马克思精神生产的视角来审视思想政治教育，可以发现，思想政治教育作用机制运转的过程就是精神生产具体过程的展开。不同历史条件下和处于不同社会形态中的精神生产者以及他们所生产出来的精神产品分别扮演着思想政治教育者及思想政治教育内容的角色。而精神的生产、分配、交换、消费的过程就是思想政治教育的全过程。

精神生产过程从“生产”的环节展开，为满足社会及统治阶级的“精神生产”的需要，在产生真正的分工的条件下，最先出现的是马克思口中的“意识形态家”“僧侣”的群体，即精神生产活动的发起者——“精神生产者”群体。他们从社会上占据着精神生产资料的统治阶级中分离出来，形成一个特殊的群体，他们不再从事具体的物质生产活动，而专职从事精神生产活动，负责生产符合维护统治阶级精神统治需要的精神产品。

这个特殊的群体随着社会形态的变更也发生变化。在不同社会形态下由不同的人群来扮演精神生产者这一角色，但总的来说，精神生产者也就是思想政治教育过程中承担思想政治教育者任务的群体，他们负责确立实施思想政治教育的具体方针和策略，同时也负责确定思想政治教育的内容，他们不用想象“某种现实的东西”就能“现实地想象某种东西”，他们“生产”出来的精神产品就是思想政治教育的内容。同时，他们借助统治阶级的权利来分配这些“精神产品”，也就是决定哪些群体是这些“精神产品”的消费者，以及采用什么样的方式使这些群体来“消费”这些精神产品。在生产、分配、交换、消费的一次生产过程完成之后，这些精神产品的生产者，又会根据精神产品的“消费”情况和当时的历史条件进行精神产品的“再生产”，即发起新一轮的精神生产过程。因此毫无疑问，承担生产精神产品的群体即思想政治教育者，他们在思想政治教育这一活动的开展中发挥着重要的作用。

生产的目的是为了消费，精神生产也是如此。从马克思精神生产的视角出发，在阶级社会中，思想政治教育的对象也就是精神产品的消费者通常是社会中不占有任何精神生产资料的群体。无论是在封建专制社会还是在资本主义社会，统治阶级都会以剥夺精神生产资料的方式迫使劳动人民不得不接受有利于阶级统治的“教育”。而在无产阶级革命中，马克思作为伟大的革命导师，具体地分析革命不同阶段所面临的形势，认识到无产阶级革命要想取得胜利，决不能单单依靠无产阶级的力量，相反，无产阶级必须学会在与资产阶级的斗争中联合一切进步力量。马克思认为，在这其中，工人、农民、小资产阶级左翼和青少年，都是无产阶级政党在领导无产阶级革命向前发展的过程中，应该对其施加无产阶级思想政治教育的影响。

思想政治教育者无论是“生产”思想政治教育内容的方式，还是制定实施思想政治教育的方针和策略，在具体工作中采用的方式方法，都受制于一个因素——思想政治教育发挥作用的“实际条件”。在《共产党宣言》的 1872 年德文版序言中，马克思恩格斯就强调，对《共产党宣言》中阐述原理的实际应用“随时随地都要以当时的历史条件为转移”①。

基于以上的分析，我们可以明晰的是，从一般的意义上来说，思想政治教育作用机制的构成要素包括思想政治教育发挥作用的实际条件、思想政治教育开展的方针和策略、思想政治教育者、思想政治教育对象、思想政治教育内容和思想政治教育具体的方法途径。但是，以上构成思想政治教育作用机制的六个因素存在着交叉关系，在具体的历史条件下，思想政治教育内容针对不同的教育对象群体，侧重点也不同。

二、革命运动中思想政治教育的作用机制

回顾波澜壮阔的国际共产主义运动史，思想政治教育在其中发挥的巨大作用是不言而喻的，尤其是无产阶级思想政治教育伴随国际共产主义运动发生发展的始终，可谓是无产阶级最终成功夺取政权最强有力的“思想

① 《马克思恩格斯选集》（第 1 卷），北京：人民出版社 2012 年版，第 376 页。

武器”。这里称其为“思想武器”是毫不夸张的，思想武器与无产阶级革命群众相结合才能够掀起革命的风暴。正是抱着实现崇高的共产主义伟大理想的必胜信念，无数人从普通的群众转变为英勇牺牲的革命战士，无数位革命战士钢铁意志的凝结才赢得了革命实践的最后胜利。在这其中，思想政治教育者、革命群众、宣传工作、政治学习等作为革命中思想政治教育的要素，都在不同的机制中发挥着不同的作用。

在国际共产主义运动的背景下，“政治教育”“理论教育”“宣传工作”“政治动员”都是无产阶级思想政治教育的具体形式，他们以各自不同的策略和方式组成一个协同作用的共同体，在革命的背景中发挥推动革命不断向前发展的作用。毫无疑问，革命运动中的思想政治教育过程是一个特殊的精神生产过程，包括作为生产者的思想政治教育者，在革命初期主要作为教育对象的工人、农民、青年学生以及可以争取到革命队伍中的破产的小资产阶级等，作为精神产品的科学社会主义理论和马克思恩格斯的思想学说，精神生产的具体过程就是展开“政治教育”“理论教育”“宣传工作”和“政治动员”的过程。

首先，革命运动中思想政治教育必须明确教育的特殊性质，这一点决定着整个教育活动的方向和教育活动能否取得预期的效果。无产阶级思想政治教育所进行的“政治教育”与资产阶级为了推行愚民政策而进行的“政治教育”有着本质上的区别。恩格斯在通信中多次谈到少数贵族门阀和僧侣，甚至还有普鲁士反动政府利用“政治教育”的工具对人们实施“愚民教育”，使他们信奉迷信，被蒙蔽在愚昧、原始的状态之中。无产阶级思想政治教育作为共产主义革命的重要组成部分，它的目标和性质与共产主义革命是相同的，就是要祛除反动敌人对人们的蒙蔽，启发人民的阶级自觉，使他们清楚地认识到自身所处的真实状况，认清反动政府的真面目，使他们在参与共产主义革命的过程中获得自身的解放。

其次，革命运动中思想政治教育机制是根据革命发展的形势和敌人的情况来确定具体的策略。虽然“政治教育”“理论教育”“宣传工作”和

“政治动员”在革命运动中都是有效的思想政治教育手段，但是在不同的革命发展阶段和形势中，面对不同的教育对象群体时运用的教育方式是不同的。

“宣传思想工作对革命的极端重要性”。在革命的早期，马克思恩格斯为宣传科学社会主义思想，将1846年的共产主义通讯委员会和1847年的共产主义者同盟规定为“宣传团体”“宣传组织”。在1848至1849年间，马克思恩格斯在《新莱茵报》从事宣传工作，并且在之后的国际工人协会和巴黎公社事件中积累了丰富的宣传工作经验。马克思恩格斯认为，“宣传”是影响人们思想和行动的一种“精神交往状态”。马克思和恩格斯在著作和书信中400多次使用“宣传”一词，多指具体的宣传活动，通过传播具体的革命理念和思想或通过组织实际的宣传活动来达到影响人们的思想和行为的目的。马克思恩格斯都从阶级分析和历史发展规律的角度出发，强调宣传思想工作是无产阶级政党的重要工作内容，革命理论对革命实践具有巨大的指导作用，无产阶级政党要以极大的毅力和热情从事宣传思想工作，消除资产阶级意识形态的影响，达到唤醒工人政治觉悟、释放工人阶级力量、引导工人革命行动的目标。

无产阶级思想政治教育所要进行的“宣传工作”，不仅是要把一定的“思想观点”“道德规范”“政治观点”灌输给本阶级的成员，更重要的是把本阶级的思想主张灌输给本阶级之外的群众，如恩格斯指出，主要是“影响还没有卷入运动的广大群众”。宣传工作的对象涉及范围广，主要是对广大的人民群众，宣传的手段是多样的，报纸刊物是重要的宣传阵地，1861年，越来越多的英国工人通过“便士报”接触到报纸类的精神产品，马克思从这一点看到了报纸作为革命宣传手段的潜在价值，他认为，工人一旦开始接触报纸，他们就有可能接受“更大的手段”来占有“像精神力量这样的普遍社会力量”，并进而发展到“买书籍”“请人讲演”或者“召开群众大会”。① 此外，马克思还认为歌曲、绘画以及小说都可以被用

① 《马克思恩格斯全集》(第10卷)，北京：人民出版社1998年版，第646页。

来作为宣传教育的有效手段，歌曲犹如勇敢的战斗的呼声，用铿锵的旋律宣布工人反对私有制社会的决心。恩格斯曾称赞许布纳尔绘制的一幅织工向工厂主交亚麻布的油画，这种带有宣传社会主义色彩的绘画比一百本宣传小册子所起的作用还要大。但是，马克思也强调对于宣传载体的选择必须坚持一定的原则，如宣传的内容必须是社会主义和科学的，宣传的方式必须是通俗易懂的，能够被教育对象所接受的，但又决不能屈就于形式使宣传变得低俗。

“理论教育”必然在无产阶级思想政治教育中占据着重要的地位，宣传的方式多是在短时间内着力于一种感情的渲染和观念的介绍，而“理论教育”是着重对掌握了一定的文化知识，具有一定文化水平的教育对象群体进行的教育。无产阶级思想政治教育所进行的“理论教育”以科学社会主义和马克思的理论学说为教育内容。马克思还强调“理论教育”必须与“现实斗争”紧密结合，因为无产阶级革命运动的理论武器——科学社会主义理论就是基于革命运动的现实条件而得来的，用正在工人阶级身上发生的事件来教育工人本身，针对性更强，这种政治教育和理论教育必然会收到事半功倍的效果。马克思认为这种基于现实运动而进行的理论教育毫无疑问是影响无产阶级革命运动的重要因素，他本人也是这样做的，通过为工人写作通俗易懂的理论学习小册子，在工人斗争的现场以演说的方式对工人直接进行理论教育。在 1848 年 8 月维也纳政府镇压工人的事件发生后，马克思立刻赶往维也纳工人联合会上发表演说，对工人阶级为何会受到资本家剥削的原因做了深入的阐述，对雇佣劳动与资本关系的分析极大地启发了参会的工人，受到工人阶级的热烈欢迎。

“政治动员”是革命斗争中一种重要的思想政治教育方式，马克思强调思想政治教育在斗争中所做的工作就是“激起人民的勇气”给敌人以打击，具体的方法就是使受压迫的人“意识”到“压迫”，从而使被压迫的人感到现实的压迫更加的沉重，在不可忍受的时刻以实际行动加入革命的队伍，坚决反抗这种压迫。马克思一方面强调“政治动员”就是要发动工人阶级反对统治阶级的政策，抵抗敌人的任何“鼓动”。这里的“动员”含有一种瞬间上激起的情绪反应。另一方面强调只有从瞬间情绪的“鼓动”过渡到自觉地对工人阶级进行科学社会主义的理论教育，工人阶级才能在思想认识上做好摆脱资产阶级统治的准备，使无产阶级思想政治教育成为工人阶级免受资产阶级玩弄的理论武器。

最后，革命运动中的思想政治教育过程是“政治教育”“理论教育”“宣传工作”和“政治动员”互相配合、互相补充，共同发挥作用的总过程。

教育、宣传和革命中的政治动员是三种不同的活动，为达到不同的目的采取的策略也是完全不同的。“政治动员”扮演的角色是在最短的时间内动员人民参与暴力革命。而“教育”人民的目的是提高人民的智识与道德水平，需要较长的时间才能达到预期的目标。到人民中间去进行社会主义宣传，是为即将到来的革命做好准备，深化和扩大党对群众的影响，宣传的原则是必须坚持、维护党的精神，使宣传在实际的无产阶级革命运动中发挥党的喉舌的功能，宣传的目的是为革命做好舆论上的准备。在如何进行宣传思想工作方面，马克思指出在进行具体活动时，要注意分析教育者和教育对象，尤其是重视对工人阶级和普通群众的宣传动员，要通过加强宣传思想工作，培养群众的政治意识和革命积极性，从而组织群众起来实现其自身的利益。

从精神生产的视角，在共产主义革命的背景下审视“教育”、“宣传”和“政治动员”，三者的共同点都是一种革命精神的“生产”和“分配”活动，但“政治教育”和“理论教育”更侧重于用一定的“精神产品”激发“教育对象”进行“再生产”活动，以此推动革命理论的“传播”和“实践”。“宣传工作”在多数情况下是对已经生产出的“精神产品”进行“分配”和“消费”，在人民群众中营造一种舆论的氛围，扩大无产阶级革命党的影响力，为革命争取“民心”。“政治动员”是思想政治教育发挥“社会变革的精神动员”的作用表现。马克思重视理论对宣传的指导功能，为防止科学社会主义降到鼓动的水平，马克思在肯定理论对宣传的普及作用的同时，强调良好的理论素养是宣传者的必备条件，宣传的长远效益的取得依赖于理论的研究和渗透。

三、国家共同体中思想政治教育的作用机制

无论是在国家形成的初期，还是在取得政权之后，为维护国家共同体的稳定和谐，思想政治教育都是一项必不可缺的工作，甚至是一项关系国家存亡的重要工作。与无产阶级革命的特殊阶段不同，思想政治教育在相对稳定的国家共同体中有独特的作用机制。

马克思在《德意志意识形态》中分析分工所形成的特殊利益与共同利益之间的矛盾时，提出国家是共同利益用以脱离实际单个利益和全体利益的独立形式，但是在国家这种“虚幻的共同体”形成的过程中，每一个力图取得统治的阶级首要的工作都是夺取政权，由此，利用“教育”“宣传”的手段将本阶级的意志和利益“变成”代表全体社会成员的意志和利益就是必须完成的工作。

在阶级社会中，思想政治教育作用的发挥必然要借助作为工具的“国家机器”。美国马克思主义哲学家悉尼·胡克对为什么要借助于国家来进行“政治观念”的生产进行了详细的说明，他认为“国家”就是在法律关系上能够获得道德和物质批准的“机关”和“工具”。因此，如果没有国家机器的运转，无论是物质生产还是精神生产都无法维系。作为取得国家统治权的统治阶级必须牢牢把控经济生产和整个社会的思想稳定。马克思认为，只有同时占有物质和精神生产资料的统治阶级才有可能主导整个社会的生产总过程，从统治阶级中分化出来一部分人，他们脱离了直接的体力劳动，专门从事“精神产品”的生产活动，他们在生产供全社会消费的

精神产品时，一方面必须考虑这种精神产品要体现统治阶级的意志，另一方面，为缓和构成国家共同体的各个阶级之间的矛盾，这种精神产品必须体现各阶级达成的“共识”。

马克思指出，在社会生活中，精神生产用三种不同的方式影响着消费，它提供被消费的对象，决定消费的方式，并引起消费的新的需要，而这种新的需要又引起别的各种生产活动。国家共同体必然具备一个结构完整的思想政治教育体系，有一支稳定的、专职从事思想政治工作的队伍，通过“宣传”“教育”以及“理论学习”等多种方式，使既能体现统治阶级意志又能体现社会各阶级共识的精神产品通过以上方式被“分配”到精神生产过程的“消费”环节，思想政治工作者要及时收集社会成员对这一精神产品的反馈，并根据分析反馈的结果进行下一轮新的精神生产活动。

毫无疑问，国家共同体中的思想政治教育本质上就是一种意识形态工作。尤其是在社会主义国家中，马克思主义思想政治教育丝毫不需要隐讳自己的阶级属性。在社会主义国家的共同体中，人民是国家的主人，精神生产活动由人民主导，精神产品体现的是人民的意志。但是，马克思又提出建立无产阶级专政实现国家消亡的思想。“国家消亡”并不排除无产阶级对国家的运用，这种运用是短暂的。虽然无产阶级思想政治教育的最终目的是消除“阶级教育”和“政治的教育”，但是在国际共产主义运动的初期，无产阶级思想政治教育也具有工具性的意义，它是共产党人向无产阶级“灌输”科学的马克思主义的工具，也是无产阶级借以掌握“思想武器”的工具。这种“工具性”的功能很多情况下是借助于“国家”共同体来完成的。

第三节 精神解放：无产阶级思想政治教育的最高价值

按照马克思唯物史观的分析逻辑，人类社会在“分工”深入发展的推动下，人类精神生活领域以“智育、体育、技术教育”等形式存在的“普通教育”必然分化出“政治教育”。在阶级社会中，这种“政治教育”的实质就是“阶级的教育”，代表着统治阶级对精神生产资料的绝对占有和对精神生产过程的绝对主导，目的是为了使统治阶级的思想成为一个时代占统治地位的思想。而在马克思的设想中，“无产阶级思想政治教育”正是带着“终止”以往“阶级的教育”的使命而产生，这也是马克思对无产阶级思想政治教育的基本要求。

马克思思想政治教育理论最终的落脚点在于明晰什么是无产阶级思想政治教育以及它所追求的终极目标是什么。马克思本人明确表示，无产阶级的这种教育是一种从性质上与以往“阶级的教育”完全不同的教育活动，它不是永恒存在的。相反，无产阶级思想政治教育只是作为促使无产阶级阶级意识从“自发”到“自觉”转变的一种过渡，其必将伴随着无产阶级运动的胜利，即共产主义社会的建立而消失。正是在这一前提下，有必要重点阐明无产阶级思想政治教育的价值旨归，尤其是说明无产阶级思想政治教育在共产主义革命中，追求实现人的“精神解放”，以期最终成就“人的解放”的目标并推动“共产主义运动”走向胜利。

一、无产阶级思想政治教育是一种“自我教育”

在《共产党宣言》中，马克思恩格斯从理论上阐释的无产阶级思想政治教育，在教育内容、实现途径、价值指向方面，都与以往阶级社会中作为“阶级的教育”的思想政治教育有着根本的区别，只有无产阶级思想政治教育是一种自觉自愿的精神生产活动。

按照马克思恩格斯所推论，人类社会发展到资本主义社会，最终会因为资本主义社会无法克服因资本支配劳动而产生的社会与国家的二元矛盾而被超越，从而推动人类社会发展过渡到共产主义社会。达到共产主义阶段后，因为作为调和阶级矛盾的国家消失，随之作为工具意义上的统治阶级的思想政治教育转变为社会中所有成员为了实现人性的完全复归和人的精神解放而进行的自觉自愿的“自我教育”活动。从整个人类社会的宏观角度来说，这种“自我教育”就是一种区别于以往“阶级教育”的“社会教育”。马克思恩格斯在《共产党宣言》中多次以慷慨激昂的陈词描绘着共产主义社会中自觉自愿的思想政治教育的愿景。

就教育内容来说，无产阶级思想政治教育是一种以“阶级的自觉意识”为教育内容的思想政治教育。“共产党人一分钟也不忽略教育工人尽可能明确地意识到资产阶级和无产阶级的敌对的对立，以便德国工人能够立刻利用资产阶级统治所必然带来的社会的和政治的条件作为反对资产阶级的武器，以便在推翻德国的反动阶级之后立即开始反对资产阶级本身的斗争。”①

列宁著名的“灌输论”实质上就是对马克思思想政治教育理论的一种继承与发展，说明了为什么要把先进的革命理论通过“灌输”的方式使革命的无产阶级掌握，把“先进的理论”变为无产阶级革命的武器，从而抵制和消除社会革命党人鼓吹“自发论”所带来的危害。因为“没有革命的理论就没有革命的政党，没有革命的理论就没有革命的运动”②。在国际共产主义运动史上，马克思主义政党一向高度重视思想政治教育的作用，并且能够结合不同的革命形势和需要，适时改变思想政治教育的策略和方法，以发挥思想政治教育在风云变幻的革命运动中的实际作用。

---

① 《马克思恩格斯选集》（第 1 卷），北京：人民出版社 2012 年版，第 434 页。

② 《列宁选集》（第 1 卷），北京：人民出版社 2012 年版，第 311 页。

毫无疑问，马克思主义的思想政治教育从性质上说，是完全不同于以往阶级社会中“政治教育”“阶级的教育”的一种教育活动。在国际共产主义运动的时期，无产阶级思想政治教育由于承担向无产阶级灌输科学社会主义理论以及启发无产阶级阶级自觉的任务，不可避免地带有一定的工具意义。但决不能就此判定无产阶级思想政治教育就是“灌输工具”，因为这种工具意义随着共产主义运动的展开，对现实经济关系的变革，发生了彻底的变化。

无产阶级思想政治教育随着共产主义革命的深入，逐渐摆脱了“工具性”，转变为一种高度自觉的“自我教育”。这一点与第一节中所论证的人的全面自由发展的社会中的“社会教育”互相呼应。

第一，无产阶级思想政治教育是以“高度自觉”开展的一项精神生产工作。体力劳动和脑力劳动的分工把“教育”这种特殊的精神生产形式从“自在”变为“自为”。甚至在阶级社会中，统治阶级专门分裂出一部分被称为“意识形态家”的群体负责生产体现统治阶级意志的意识形态，从而使全社会成员被动接受统治阶级的思想。这种精神生产的方式使分工条件下的统治阶级和被统治阶级在人的精神生产、分配、交换、消费的过程中完全处于对抗的状态，每个阶级都试图干预精神生产的过程以达到捍卫本阶级利益的目的。此时表现为“政治教育”和“阶级教育”形态的思想政治教育是一种有意而为之的活动，具有其特殊的目的性。它的目的不是为了人，而恰恰是为了束缚人和压抑人，现实的人身处其中，始终是一种“不自觉”的状态。

与此相反的是，“要改变精神活动和物质活动、享受和劳动、生产和消费由不同个人来分担的马克思主义的思想政治教育，才在历史上第一次使教育成为自觉的活动。”① 无产阶级的思想政治教育毫无疑问属于马克思主义教育活动的组成部分，它产生于无产者的革命实践中，又为真正的人

① 武东生：《马克思主义理论关于思想政治教育本质的基本观念》，载《教学与研究》，2014年第2期。

本身服务，只有这种活动才能称得上对“教育”作为人类精神生产活动的历史发展、变化，以及它未来的发展必然趋势有一种深刻的“自觉”。

在此基础上，无产阶级思想政治教育要求教育者有一种清醒的“自觉”，这种“自觉”是一种极高的要求，它要求教育者要时刻对自己所从事的教育活动进行批判、反思、检查和审视，决不能允许马克思主义的教育在实际工作中异化为马克思所批评的“阶级的教育”，决不能把自己变作“意识形态家”，有意地将一部人的利益说成是全体人的利益。在无产阶级的思想政治教育中，无论是无产阶级成员，还是无产阶级政党，用以教育自身的并不是任何“理论”，而是“现实的条件”和“运动的真实状况”，这一点也符合唯物史观将物质生产作为考察人类历史和人的精神发展出发点的立场。

第二，“无产阶级思想政治教育”决不是一种僵化的教条，它本身就是共产主义运动的一部分，它是一种着眼于未来的教育活动，这种教育活动的最高价值追求是使“共产主义”变为现实，其最终目的并不局限于某一阶级的利益，而是为了在实现全人类解放的过程中消除人的精神异化，解放人的精神束缚。正是在共产主义运动的过程中，体力劳动和脑力劳动的分工被消灭，个人与社会之间分裂的关系被超越，人与社会实现了统一。私有制和雇佣劳动被消灭、阶级与国家的消亡使人可以自由地劳动，开展任何的自主活动，因而回归到“完整的人”，因为完全占有社会的物质和精神生产资料，获得了自由全面发展的人能够充分发挥个人的才能，运用精神资料展开自由的精神生产活动，个人完全在一种“自由的生活”中发展自己。因此，在“自由人的联合体”中，每个人用以教育自己的都是经过“自由活动”直接生产的“精神产品”，是一种真正意义上的自由的“自我教育”。

二、无产阶级思想政治教育者与教育对象的同一

在马克思精神生产的视角下，从无产阶级思想政治教育的特殊性

质——一种“自我教育”“社会教育”的角度来看，教育实践中并没有“教育者”和“教育对象”身份的绝对划分，无产阶级成员和政党同样地接受教育和教育他人。只是在共产主义革命的初期，由于工人阶级还没有产生“阶级自觉”的意识，以及革命形势的迫切需要，掌握了“先进理论”的共产党人在此阶段主要扮演“教育者”的角色，通过向无产阶级灌输先进的科学社会主义理论以达到唤醒其阶级自觉的目的，一旦这个目的得以实现，无产阶级就从单纯的“受教育者”身份转变为自觉的“教育者”，以“自我教育”的方式不断提高自身的觉悟，净化自己的思想，自觉地从事精神生产活动。

在无产阶级思想政治教育中，“共产党人”占据着重要地位，扮演着重要的角色。这一点毫无疑问，从马克思对欧洲工人阶级革命运动失败所总结的经验教训中可以看出，只有“共产党人”才能够承担起领导无产阶级革命的重任，才能自觉推动对无产阶级阶级意识的启发和教育活动，才能做到真正地为无产阶级的利益而斗争，为人类解放事业无私地流血牺牲。

这是因为，马克思认为国际共产主义运动取得胜利的首要条件是无产阶级政党必须夺取领导权。而无产阶级取得领导权的关键，一方面在于“共产党人”实际承担着“要使教育摆脱统治阶级的影响”的历史重任，共产党人必须在实际的革命中彻底改变以往社会对教育施加的作用，积极地对无产阶级进行科学社会主义的教育。马克思强调共产党人在工厂中的工人中间进行革命和社会主义的教育与宣传，必须要根据教育对象所处不同的社会条件采用不同的宣传方法，从而使无产阶级在实际的运动中学习和验证马克思主义理论的正确性，以达到提高无产阶级理论水平，启发无产阶级阶级觉悟以及将革命力量凝聚在共产主义旗帜之下的目的。另一方面，作为无产阶级政党的“共产党人”也必须在党自身的创建和发展过程中不断进行马克思主义先进理论的“自我教育”，首先用先进的理论武装自己的头脑，使党在理论和实践上都始终保持先进性，从思想上保证无产阶级政党的性质不变，为无产阶级利益奋斗的宗旨不变，只有实践中的身体力行和以身作则,，才能在此基础上对革命群众进行“理论教育”。

“共产党人”与其他政党的不同之处决定了其进行思想政治教育的性质和目的也是不同的。一方面，共产党人具有鲜明的“阶级意识”，即使在处于不同国家、不同民族的无产者的斗争中，共产党人始终坚持无产者不分国籍和民族的“整个阶级”的“共同利益”，强调全世界无产者的大联合；另一方面，由于物质生产发展水平不同，无产阶级和资产阶级之间矛盾对立的程度不同，工人斗争的进程也不同，但共产党人始终坚持在斗争所经历的各个发展阶段上，代表“整个运动”的利益。

因此，共产党人在实际革命斗争中始终是先锋者，他们胜过其他工人政党，他们对革命运动发生的条件、历史进程以及必然结果都了如指掌，他们以最坚决的革命意志领导、参与革命，对革命始终起着推动作用，而丝毫不在任何利益面前退缩和犹豫，也不会受到任何错误思潮的影响。共产党人对于世界工人运动的全局有着清晰的把握，并且善于将革命实践的经验上升为理论，所以，马克思认为共产党人必须以“高度的热情”，把他所掌握的关于无产阶级运动发生的条件、发展的道路和最终要达到的目的这些理论知识传播到工人群众中去，使工人、农民和一切无产者对革命运动都具有“日益明确的意识”。

马克思强调“共产党人”应在无产阶级革命运动中牢牢地把握住意识形态领域的领导权，“共产党人不屑于隐瞒自己的观点和意图。他们公开宣布：他们的目的只有用暴力推翻全部现存的社会制度才能达到”。共产党人是坚定的唯物主义者，他们一方面认识到无产阶级的意识因为其所处的物质条件而被局限，另一方面又看到无产阶级意识觉醒能成为推动革命的巨大力量。共产党人没有自己的私利，他们也毫不隐瞒自己的意图，他们公开号召“全世界无产者，联合起来!”用“革命宣传”“理论教育”的方式使无产阶级意识到自身所处的悲惨境遇是由谁造成的，以唤起他们反抗的斗志，共产党人明确地指出“无产者在这个革命中失去的只是锁链。他们获得的将是整个世界！”①

因此，每一个共产党人都应该成为党的宣传员。马克思在1847年为历史上第一个建立在科学社会主义基础上的无产阶级政党——共产主义同盟起草章程，其中提出“以一切宣传和政治斗争的手段破坏旧社会——推翻资产阶级”②。在章程第二条关于盟员的条件中，马克思明确要求共产主义者同盟的盟员必须具备三个条件，分别为“宣传的能力和热情”“坚定不移的信念”和“革命的活动”。这都是马克思对共产党人作为思想政治教育者提出的基本要求。

与“共产党人”相对应的“无产阶级”同样扮演着重要的角色，甚至可以说，在革命发展的关键时期，无产阶级作为革命的主体，他们对推动革命发展起到了举足轻重的作用。

虽然无产阶级在共产主义革命之初，由于不能自发地产生科学社会主义的观念意识，所以作为教育的对象，必须接受科学社会主义的灌输与教育。但是，随着无产阶级在世界范围内联合为一个“统一的阶级”，革命实践的深入，无产阶级逐渐产生对本阶级清醒的、明确的“阶级意识”。无产阶级认识到，从无产阶级与资产阶级之间的现实矛盾出发，无产阶级“能够”而且“必须”首先“自己解放自己”，无产阶级转变为马克思主义思想政治教育中的主体。

随着无产阶级革命的成功，私有制被彻底消灭，“阶级的教育”伴随着其存在的物质基础的消失而消失，无产阶级思想政治教育也由一种“灌输”转变为一种“社会教育”和“自我教育”，无产阶级作为受教育者的身份转变为教育者，无产阶级在此时能够自觉利用革命的现实条件和运动发展的状况来教育自身，为本阶级的利益而斗争，为实现共产主义革命的最高目标——“全人类的解放”而奋斗。

---

① 《马克思恩格斯选集》（第1卷），北京：人民出版社2012年版，第435页。

② 《马克思恩格斯全集》（第10卷），北京：人民出版社1998年版，第744页。

三、无产阶级思想政治教育的价值旨归

无产阶级思想政治教育与国际共产主义运动相伴而生。因此，它本身要担负起两大使命，一是为广大人民群众指明革命的目标，即“共产主义”，从而激励人民投身于伟大的共产主义运动之中，并发挥“精神生产对物质生产的反作用”，最终推动“共产主义运动”走向胜利；二是在从共产主义革命到实现共产主义社会的过程中，消除人的精神“异化”和“物化”现象，最终实现人的“精神解放”。这两点就是无产阶级思想政治教育的价值旨归，对此的理解不能脱离马克思语境中“共产主义”“人的解放”以及二者关系的历史发展背景。

无论是“共产主义”还是“人的精神解放”都不是从一开始就存在的，马克思对这两个重大问题的认识经历了漫长的过程。最早在写作博士论文期间，马克思从一般哲学的意义上通过研究伊壁鸠鲁的自然哲学，尤其是从“原子偏斜说”中对“原子的精神性”的阐释，马克思萌生出对人的精神自由可能性的好奇，这种“哲学的好奇”符合马克思身处的西方形而上学的哲学传统，此时的马克思只是用哲学的方式展开了对“抽象的人的精神自由”的追求。

但是，马克思这种从抽象的哲学上对人的精神自由展开的探索，很快在现实生活中“触礁”。面对普鲁士政府书报检查令对人的精神自由的无情扼杀，马克思深深感到从“哲学”上，从“思想”中寻找解决现实问题的办法是无力的，只有从人生活的实际出发，才能研究“现实的问题”并给予解答。现实的打击往往是接踵而至的，马克思很快在《莱茵报》工作期间遇到了更严峻的问题，对林木盗窃问题、摩塞尔河农民贫困问题的研究使他深陷“精神自由”与“物质利益”的矛盾漩涡，马克思深深地感到，结束自己以往理性批判的道路，开启对现实问题、对现实人的问题的探索路径是一件迫在眉睫的事情。

就在马克思思想上感到矛盾与迷茫的时刻，费尔巴哈《关于哲学改造的临时纲要》及时出现，将马克思关注的目光引向了“活生生的感性的人”。由此，“感性的人”进入了马克思的研究视野。就在此时，马克思在迅疾地寻找解决现实问题的出口，提出解决问题的办法就是，必须要同时变革“人的物质世界”和“人的精神世界”。随后，马克思在清除自己头脑中残留的黑格尔思想时，在《黑格尔法哲学批判》中展开了对“宗教”和“政治”的批判，借由这种批判展开对“现实的人”的世界的分析。继而在《论犹太人问题》中提出“宗教解放”“政治解放”和“人的解放”问题，马克思认为，彻底打破宗教对人的思想禁锢只是人的思想解放的第一步，而当时资产阶级提出的政治解放也只是解除封建制度对人的束缚，在完成这一历史任务之后，真正的“人的解放”问题才浮出历史的水面。

1844 年的《手稿》中，马克思从资本主义社会的经济事实出发，在对工资、资本、地租，以及分工、分配和私有制问题的分析过程中，揭露了一个惊人的现象，即“人的异化”。马克思发现，资本主义私有制所导致的这种“异化”不是特殊现象，而是普遍存在于工人、资本家、土地占有者的身上，甚至表现在人与自然、人与社会、人与人之间的关系之中，不仅人的劳动被异化，人的精神也发生了异化现象，人甚至丧失了作为人的本质。马克思针对造成人的异化的根源，提出必须消灭私有财产，消灭私有制，只有在实现“共产主义”的过程中才能积极扬弃“人的自我异化”，实现人的“劳动解放”。

就在马克思已经深入人的生活实际时，鲍威尔还停留在“自我意识”的幻想世界中，他宣扬“人类解放是一种思想活动”。马克思在《神圣家族》中尖锐地指出这种思辨哲学的错误，指明人类解放是“现实的、活生生的人”的解放，并且指出能够承担人类解放重任的只有“无产阶级”，他们身上已经“丧失了一切合乎人性的东西”，他们已经没有什么可以失去的了，同时，他们不仅在理论上“意识”到了这种损失，而且面对甚至使他们丧失了“合乎人性的外观”的极端贫困，他们不得不起来反抗这种违反人性的现象，消灭一切对人的束缚和制约。无产阶级的自我解放已经成为了人类解放的前提，只有无产阶级解放了自身，人类全体的解放才有可能。

随着唯物史观的创立，马克思对“人的解放”问题认识得更加深刻。在《德意志意识形态》中，马克思已经开始用唯物史观的方法对人类社会发展进行全面的考察，他明确提出脑力劳动和体力劳动的分工造成人的物质生产和精神生产截然的分离，但是，人是生活在社会之中的人，不存在脱离社会绝对独立的人。因此，人的解放与社会的解放同构，二者的进程和目标是一致的，即“每一个单个人的解放的程度是与历史完全转变为世界历史的程度一致的。”① 如果个人的解放没有完成，则社会的解放就没有可能，而“社会解放最终是以个人解放为目的，是在个人解放过程中实现的一种解放”。②

继1844年《手稿》之后，马克思再次在《德意志意识形态》中对“共产主义”展开论述，马克思在这里将“交往的扩大”与“共产主义”联系起来，他认为，“交往的扩大”必然消灭“地域性的共产主义”，只有在推翻资本主义制度和旧式分工的前提下，才能在世界范围内将人类社会推向其最高的发展阶段——人的自由全面发展的共产主义社会。更重要的是，马克思多次强调，共产主义不是现实应当与之相适应的“理想”，相反，“我们所称为共产主义的是那种消灭现存状况的现实的运动。”③ 由此可见，共产主义是一个过程，是一种运动。在与人的不断解放的历程相对的意义上，共产主义与人的关系是，共产主义就是人在不断的自我解放中成就“全面的、自由的、发展的”人的过程。因此可以说，“共产主义社会”不是一种虚无缥缈的“乌托邦”。事实上，马克思所设想的共产主义

① 《马克思恩格斯选集》（第1卷），北京：人民出版社2012年版，第169页。

② 代俊兰：《马克思人类解放理论的历史轨迹及其当代价值》，北京：中国社会科学出版社2013年版，第86页。

③ 《马克思恩格斯选集》（第1卷），北京：人民出版社2012年版，第166页。

社会是经过共产主义革命的改造之后的一种崭新的社会形态。在共产主义社会中，社会生产力高度发展，集体财富的一切源泉充分涌流，物质生产的极大发展为人的解放提供了充分的条件。

在《共产党宣言》中，马克思直接指明共产主义社会的宗旨就是要实现“人的解放”，在全世界无产者的联合行动中，阶级和存在着阶级对立的旧社会被消灭了，一个新的“联合体”出现了，“在那里，每个人的自由发展是一切人的自由发展的条件。”① 在这里，马克思用极其精辟的语言总结了“每个人的自由发展”作为“个人解放”与“一切人的自由发展”作为“社会解放”之间的关系。

最后，在马克思思想政治教育理论成熟期的代表作《资本论》中，“人的精神”在资本主义条件下被商品、货币和资本“物化”的现象被揭示出来，与此同时，人所从事的精神生产的一般过程和规律也被揭示出来。由此，马克思一针见血地指出，人类要想实现“解放”，首先必须消灭“雇佣劳动”，进而消灭私有制，消灭资本主义束缚人的制度。但是，马克思在此过程中看到资产阶级用虚伪的“自由”“平等”“博爱”欺骗工人，用“特殊津贴”的方式收买工人，马克思敏锐地提出必须使工人“意识到”资产阶级的这些“欺骗”和“收买”的手段，以使工人立即团结起来反抗资产阶级的剥削与压迫。

至此，无产阶级思想政治教育的目标已经非常明确，它就是为实现“共产主义”与“人的精神解放”而开展的一种政治教育活动，任何试图隐匿这种“最高价值追求”的企图都是对马克思的背叛。

第一，人类全体获得真正的解放，这种“人的解放”建立在“无产阶级的解放”的基础之上。按照马克思的理解，无产阶级的解放就是人的解放，只有无产阶级才能承担起解放全体人的历史使命。但是，由于自身的贫苦与阶级局限，无产阶级无法自发地产生科学社会主义的意识，因而意识不到自身的力量，这时就需要无产阶级思想政治教育发挥关键性的作

① 《马克思恩格斯选集》(第1卷)，北京：人民出版社2012年版，第422页。

用。另一方面，共产党人作为这场运动的领导者，要领导这场改天换地的运动，必然要发动广大的人民群众，变革群众的世界，其首要的工作就是要变革或改造群众的“精神世界”，无产阶级思想政治教育就是要做这样的工作。

第二，因为无产阶级的解放是实现人类解放的前提，所以当无产阶级通过接受马克思主义理论的教育，因而“意识到”自身的力量时，又能够极大地发挥自身力量推动“共产主义运动”的成功。

一方面，共产主义社会为“人的精神解放”提供了最充足的物质条件。在共产主义社会中，脑力劳动与体力劳动的对立消失，物质财富的充分涌流使人摆脱了物质、生产力、生产方式等的束缚，交往范围的扩大和人与社会的统一，使人能够占有更多的精神生产资料，“精神生产”成为人类社会发展的主导力量，人在此阶段所从事的精神生产活动是一种“自由的”“自觉的”“自主的”思想活动，人所从事的自由的精神活动最终将人与动物彻底区别开来，成为了一种能够充分表现“人的本质”的活动。由此可以说，正是“共产主义运动”的胜利，才将“人的本质”和“人的世界”还给人。

另一方面，共产主义运动的过程，是对阶级社会旧有物质生产方式的彻底变革，依照唯物史观的观点，这种物质的变革必然引起人的精神生活领域的变革。例如，共产主义革命的成功消灭了阶级，也就彻底打碎了“意识形态”的武器，把“自由的精神活动”还给人，把人从“异化”和“物化”的状态中解放出来，尤其是精神的异化中解放出来，实现了人“自由的精神生产活动”。

综上所述，在唯物史观的视角下，“人的精神解放”与“共产主义运动”是同一过程，无产阶级思想政治教育对“人的精神解放”的最高价值追求只有在“共产主义运动”中才能实现，无产阶级思想政治教育在“共产主义运动”中推动“人的解放”与“社会变革”的同时，必然促成“人的精神解放”的实现。

对无产阶级思想政治教育价值旨归的理解，既不能离开“共产主义”只谈“人的精神解放”，也不能仅仅局限于它实现“人的精神”解放的功劳，而忽视了它对于“共产主义运动”的推动作用，二者不可偏废，反而是必须在两者的统一之中去考察马克思所理解和实践的这种特殊的“精神生产活动”力图达到的最高目标，去体味马克思把希望完全寄托于共同行动和共同讨论必然会产生的“工人阶级的精神的发展”①。

---

① 《马克思恩格斯选集》（第1卷），北京：人民出版社1995年版，第263页。

结 语

在论文主体部分完结之后，笔者认为有必要跳出文本之外，将本书所阐述的“基于‘精神生产’视角的马克思思想政治教育理论”置于一种更加宏大的历史视野中，从西方传统形而上学的衰竭，从十九世纪国际共产主义运动产生与发展的历史背景中，以马克思本人思想发展的脉络为主线，认真体味马克思对“精神与物质”“理论与实践”之间关系的认识转变，以及触发马克思关切人类社会发展与人类命运未来走向，并对此展开深入思考的因素。

如果没有一种强烈的历史感和使命感，则很难理解马克思对“思想政治教育”问题进行思考和研究的过程。这一过程既是一般意义上“思想政治教育”活动展开的过程，也是马克思在成长为一位“无产阶级革命导师”的道路上不断进行“自我教育”的过程。后者比前者更能让我们对马克思如何思考“思想政治教育”的问题有更深刻的体悟和更清晰、更准确的把握。正是在这个层面上，进行回顾与反思才显得具有特别的意义。

一、重新认识马克思：国际共产主义史上第一位思想政治教育家

精神与物质，理论与实践，信仰与人生，这些范畴在马克思的一生

中，很难做出一种截然的划分。马克思的一生都在一种自觉或不自觉中实践着自己的思想，马克思正是以他所信仰的方式生活，而他的生活就是对他的思想学说最忠实的说明。如此来看，我们这些后辈绞尽脑汁所赋予他的那些荣誉，相较于马克思跌宕起伏、辉煌灿烂的一生，再华丽的褒扬恐怕也只会显得黯淡无光。

1818年5月5日，马克思出生于一个“富裕的文明的，但不是革命的”家庭。家族的犹太血统给予马克思聪慧的基因，德意志民族作为“哲学的民族”给予马克思对思辨活动一种独特的敏感与青睐。除去这些与生俱来的因素，家庭教育成为促使马克思从一个“不革命的”家庭成长为一位“革命战士”不可忽视的动因，身为律师的父亲从小向马克思灌输了许多资产阶级民主思想，少年时马克思就已经对卢梭、伏尔泰的学说了如指掌。良好的家庭教育为马克思提供了博览群书的机会，古希腊古罗马的古典思想、欧洲浪漫主义，甚至还有基督教传统都对马克思后来的思想发展产生了重要的影响。

不知是因为广泛阅读中所承继的人类智慧的浸染，还是一种天然的使命感使然，马克思自中学时期就表达出一种希望“为人类服务”的崇高理想。1835年，马克思进入波恩大学后选择主攻法律，第二年转入柏林大学后转向主攻哲学，并对历史知识广泛涉猎。对哲学、历史和法律领域相关知识的积累使马克思的思想既具有厚重的历史感，又具有严密的逻辑性。在长期的学习中，马克思养成了勤于思考、善于反思批判的习惯，这一习惯为马克思之后在《莱茵报》工作遇阻直至写作《德意志意识形态》之间对“物质与精神”“理论与实践”关系的认识转变奠定了思维基础。

对这种认识转变的考察不可脱离宏大的历史背景。马克思所出生和成长的“十九世纪”，这个时间节点对于欧洲思想史来说是一个巨大的转折，伴随着黑格尔的逝世，整个西方自柏拉图以来的传统形而上学开始走向衰亡。卡尔·洛维特甚至断言：“黑格尔和歌德事实上是最后一批还面对一个独立的精神世界来培养自己的德意志人”，自他们的离世，这世上就只有“受到精神培养的人”，也正是从这时起，“精神性的人的生活就失去了精神世界。”① 虽然洛维特的断言有夸大之嫌，但也客观地表现出西方哲学传统在十九世纪所受的重创。科学技术的进步在不断瓦解以往物质生活与精神生活既同一又统一的基础，物质需求代替了精神信仰，世俗利益战胜了宗教束缚，“一切固定的僵化的关系以及与之相适应的素被尊崇的观念和见解都被消除了……一切等级的和固定的东西都烟消云散了……”②，这种创伤必然成为开启欧洲思想史新纪元的一个起点。

此时的马克思正处于思想最为活跃、精力最为旺盛的青年期，传统形而上学的衰亡剧烈震荡着整个欧洲的思想界，也强烈震荡着马克思的精神世界。加之他当时身处德国学术、舆论、政治和宗教激烈角逐的中心——柏林，他在这里陷入各种思想交汇、碰撞、较量，甚至互相厮杀的漩涡，目睹了各式各样的权力把戏在这个舞台争相上演。马克思迫切地希望在哲学中寻找到超越黑格尔形而上学时代的出口，他加入青年黑格尔派的博士俱乐部，结识了施特劳斯、布鲁诺·鲍威尔、卡尔·科本等人，寄希望于在与老年黑格尔派的斗争中实现这一愿望，结果令他失望。在精神世界中跌跌撞撞寻出口而不得，现实世界的炮火却似乎大有改天换地的势头。

1834 至 1835 年间，正在青年黑格尔派运动经历了轰轰烈烈的开始和惨淡收场的同时，欧洲的战火可谓是从理论界一路燃烧到革命战场，1830 年法国爆发推翻波旁王朝的七月革命，1831 年和 1834 年又接连爆发了里昂丝织工人起义，1836 年英国宪章运动再次掀起声势浩大的革命浪潮，1844 年德国国内爆发了震撼整个欧洲的西里西亚纺织工人起义，直到 1848 年欧洲革命，这种势如破竹的革命形势使马克思又看到了希望。

现实的工作与斗争却远没有马克思预估的那样顺利，普鲁士政府对舆论报刊的控制愈发严格，德国国内的形势沉闷压抑到了极点。马克思在

① 刘小枫选编：《尼采在西方（重订本）》，上海：华东师范大学出版社 2009 年版，第 351 页。

② 《马克思恩格斯选集》（第 1 卷），北京：人民出版社 2012 年版，第 403 页。

《莱茵报》的工作使他第一次遇到了要对所谓“物质利益”发表意见的难事，在遭遇的现实困难面前，他发现大学时代所学习的德国古典哲学在解答这些“物质利益”问题时显得束手无策，这件事强烈地刺激马克思开始反思黑格尔哲学，重新思考“物质与意识”“思维与存在”这些哲学基本问题。随后在 1843 年的夏天，马克思很快就写出了《黑格尔法哲学批判》，从黑格尔转向了费尔巴哈。马克思手稿中的字句如战斗檄文一般，充斥着“开火”“思想的闪电”“精神武器”“物质武器”“斗争”等字眼，马克思急迫的语气和紧密连贯的文字分秒之中再现了那个被革命风暴一夜之间侵袭的欧洲大陆，似乎每个词语都可化为射向敌人胸膛的子弹，精准而猛烈！青年马克思被革命涤荡一切陈旧事物的浩荡气势所震撼，一切与革命相关的事物都会引起他的高度关注，预测英法革命运动的趋势，思考德国境内反对封建专制统治的人民起义以及德国革命该如何展开的问题都花费了马克思大量的时间。

1843 年对马克思来说是一个转折点，逃离反动的普鲁士使他的理论研究和工人阶级的实际更加紧密地结合。正是在巴黎，马克思第一次参与实际的工人运动，在直面处于社会最底层工人的悲惨生活时，马克思的心理与思想都受到了强烈的震撼。这种震撼促使他在 1844 年《德法年鉴》停刊后，将理论研究由纯粹的哲学领域扩展到政治经济学领域，以揭示工人贫困表象背后的深层原因。1845 年，因遭到法国政府的驱逐而移居布鲁塞尔，正是在这里，马克思与恩格斯两人联手欧洲各国的工人组织，开始以国际工人大联合的方式展开实际的斗争。在此过程中，马克思总结自己实际参与工人运动的经验，以自己广博的知识储备和尖锐的社会观察剖析能力对眼前发生的革命与运动进行理论的思考，创建了对整个国际共产主义运动产生深远影响的唯物史观和科学社会主义理论。

回顾马克思在革命斗争中进行理论创作的过程，他非常善于以报刊为阵地，利用哲学等精神产品作为有力的斗争武器，运用精神生产的手段，通过撰写理论文章、著作与反革命阵营进行坚决的斗争。例如，十九世纪德国革命群众反抗普鲁士国王威廉三世反动统治的运动频频遭受残酷镇压，于是人们对革命的热情被迅速引向了思想界，马克思此时对哲学的兴趣迅速与德国当时的革命斗争结合起来，“哲学”“政治”与“革命”这三个语词从此在马克思的人生图景中紧密地结合起来，留下了深深的烙印。马克思也从此在作为政治革命先导的哲学领域辛勤耕耘。之后无论是在担任《莱茵报》主编工作期间，还是与卢格共同创办《德法年鉴》，参加《前进报》的工作，创办《新莱茵报》，马克思都积极将自己的主张和理论用作指导实际革命的方法，以刊发革命文章、撰写著作的方式宣传自己的主张，传播自己的思想，在理论阵地上勇敢地战斗。

马克思所创办的报刊犹如斗争的利器，“它每日都能干预运动，能够成为运动的喉舌，能够反映出当前的整个局势”，它属于人民，反映的是人民切实关心的问题，为争取人民的利益而发声，是人民的报刊，因此能够与人民发生“不断的、生动活泼的联系”①。马克思的理论著作并非像黑格尔著作那样艰深晦涩而被束之高阁，马克思的著作在工人阶级中受到热烈的欢迎，被工人阶级接受并转化为一种属于工人阶级自身的“卓越的理论思维能力”和展开实际斗争的能力。对此，马克思曾自豪地说，“《资本论》在德国工人阶级广大范围内迅速得到理解，是对我的劳动的最好的报酬……被认为是德国世袭财产的卓越的理论思维能力，已在德国的所谓有教养的阶级中完全消失了，但在德国工人阶级中复活了。”②

马克思时刻自觉以革命宣传者、科学共产主义教育者的身份，利用一切机会积极宣传共产主义的主张，并充分利用“教育”这种精神生产活动用科学社会主义的观念启发无产阶级，使其产生理论自觉和阶级自觉意识。1849 年至 1850 年，在流亡伦敦期间，马克思主动加入德国工人教育协会，参加共产主义者同盟的工作，通过开办学习班，通过教授政治经济学原理和《共产党宣言》的方式，向工人阶级宣传革命主张，进行科学共

① 《马克思恩格斯全集》（第 10 卷），北京：人民出版社 1998 年版，第 115 页。

② 《马克思恩格斯选集》（第 2 卷），北京：人民出版社 2012 年版，第 87 页。

产主义的教育。威廉·李卜克内西看到了马克思在科学普及工作方面的惊人天才，盛赞马克思高超的宣传教育能力，“马克思的讲授进行得很得法。中心问题提出时他力求简短，然后用较长的解释来说明，竭力避免使用工人听不懂的话。然后他要听众提问题。如果没有人发问，他就开始提问。提问的技巧从教育学上来看是十分高明的，没有一处不懂或误解的地方能逃过他……”① 威廉·李卜克内西称，以一名教师应具备的能力对马克思进行综合考察，毫无疑问，他已经具备了一位优秀教师所应具备的一切条件。

同时，马克思以超凡的个人魅力影响和凝聚了一批志同道合的革命战友，例如魏德迈、克鲁斯、雅科比等，甚至连诗人海涅都对马克思赞不绝口。多年与工人阶级的并肩战斗，使得马克思成为了工人阶级亲密的朋友，在1849年科伦工人联合会上，老工人列斯纳就对马克思卓越的辩论能力、丰富的知识和百折不挠的意志表达了自己由衷的敬佩之情。马克思以其“为人类而工作”的信念、兢兢业业的工作态度、毫无保留的奉献精神，以及勇于探索的理论勇气吸引了众多愿意追随马克思共同为实现共产主义理想而奋斗的革命者，其中最为重要的一位就是马克思一生的亲密战友——恩格斯。恩格斯在1842年11月赴英国曼彻斯特纺纱工厂实习经商的途中访问了位于科隆的《莱茵报》编辑部，在那里和马克思第一次会面。1844年8月，恩格斯在从英国回国的途中绕道巴黎与马克思再次会面，这一次会面正式揭开了马克思和恩格斯作为革命战友共同战斗与工作的序幕。自此，马克思和恩格斯在物质与精神方面互相支持帮助，共同谱写了作为无产阶级革命导师的辉煌人生。由此可见，思想政治教育的魅力不仅来自于教育本身，受教育者对其魅力的感知很大程度上也来自于教育者个人。

作为理论工作者，严酷又激烈的斗争环境既培养了马克思洞察社会问

---

① 苏共中央马克思列宁主义研究院编：《回忆马克思恩格斯》，北京：人民出版社1957年版，第103页。

题的能力，又促使马克思时刻都参照“现实的条件”进行理论的研究，并且用理论研究的成果寻找改变现实的途径。马克思所做的对于我们后来称之为“思想政治教育”学科的最大贡献在于，马克思清楚地在理论的层面上揭示了各种思想、观念、意识产生的原因、过程和规律，并且在革命实践经验的基础上，清晰地呈现了人的“思想社会关系”是怎样在物质生产中形成的，又明确指出要彻底打破阶级社会中束缚人的“思想社会关系”的桎梏，就必须在现实的革命中，彻底推翻人的现实的“物质社会关系”。马克思的确是一位“思维上的巨人”，在理论研究上为后人竖立起一座难以超越的丰碑。

马克思不仅首先提出了进行国际共产主义革命宣传工作、鼓动工作和思想工作的理论，更是在实际革命工作中身体力行地实践着自己的思想理论。恩格斯《在马克思墓前的讲话》中说，除去参与推翻资本主义社会的伟大功绩，正是马克思“第一次使现代无产阶级意识到自身的地位和需要，意识到自身解放的条件”①。作为思想政治教育的“教育者”，马克思确实达到了使现代无产阶级“意识”到自身的地位和需要，“意识”到自身解放条件的目标。因此可以说，马克思既是一个具有“革命家品质的学者”，也是一个“具有学者品质的革命家”。

笔者曾专程去拜访位于比利时的天鹅咖啡馆，它所处的布鲁塞尔大广场见证过欧洲多位皇帝和国王盛大的祭祀仪式，远处哥特式教堂的尖顶直冲云霄，似乎在向世人证明“信仰”的坚贞。1845 年，马克思和恩格斯就是在这里共同策划创建共产主义通讯委员会和德意志工人协会的重要活动。可以想象，他们当时开展革命斗争的环境有多么恶劣，皇权宗教的压迫，反动政府的迫害，生活的颠沛流离，但革命的顽强意志支撑着他们坚持下去。囿于时间的一维性，历史的血雨腥风终究不能重演，我们也无法重回马克思曾经生活和战斗的历史场景。但幸运的是，马克思为后人留下的大量著作、手稿、通信给予我们莫大的帮助，他对社会历史现象的洞见

① 《马克思恩格斯选集》（第 3 卷），北京：人民出版社 2012 年版，第 1003 页。

时至今日仍能够对照现实射出耀眼的光芒。纵观马克思历经坎坷却光辉伟大的一生，他不仅是一位具有毅力的无产阶级革命战士、一位涉猎广泛、思想深刻的思想家、一位头脑清晰、目光长远的革命导师，更为重要的是，无论从马克思领导国际共产主义革命实践的角度，还是从马克思留给世人大量珍贵手稿中蕴藏的庞大理论体系的角度，无论是作为“生产”思想政治教育理论和进行思想政治教育实践的“教育者”，还是作为自觉进行“自我教育”的“受教育者”，马克思都可以当之无愧地被称为秉持坚定的革命信仰、善于革命教育与宣传、具备超强实践能力的“国际共产主义运动史上第一位思想政治教育家”。

这一切源于马克思坚持以一种大无畏的勇气对自己的“精神世界”进行的“自我革命”。马克思的学说是对自己生活的时代，甚至是在试图超越这个时代所做的全部努力与斗争的基础之上进行的反思和总结。它既是一种对实践的“反映”，也是一种有意义的“精神生产”。在马克思那里，理论与实践是统一的，马克思时刻都有一种运用理论的“自觉”。马克思在研究与斗争的过程中革除原生家庭所赋予他的资产阶级意识，背叛了自己的阶级，从而自觉转向了无产阶级，坚定地与全世界无产者为伍，始终在无产阶级的立场上，为争取全人类的解放而奋斗。这个过程体现出马克思本人在理论与实践的融合之中具有一种不妥协、不放弃的革命精神。

吊诡的是，马克思在卷帙浩繁的书稿中却从未表达过想要成为一位所谓“理论家”的愿望，马克思对诸如“哲学”“意识形态”持一以贯之的批判否定态度，甚至，马克思在十九世纪三四十年代在哲学革命中所做出的全部努力就是要彻底消灭“哲学”——那种建立在思辨哲学基础之上的形而上学。马克思所强调的“理论的武器”就是一种对“我们眼前的历史运动的真实关系的一般表达”，这种“理论的武器”就是为变革当下而生。

但事实是，无论是在马克思的时代，还是在马克思之后的国际共产主义运动中，马克思的学说和理论都被当时的革命者当作斗争的“思想武器”。这只能说明，当下的我们还行进在从“不自觉”到“自觉”的路上，距离马克思所设想的无产阶级思想政治教育的价值旨归——“人的精神解放”，还有漫长的路要走。正是在这样的不足之中，马克思的思想政治教育理论对于指导我们当下的思想政治工作就具有了特别的意义。马克思本人的经历以及他的思想，他在革命中积累下来的经验和在手稿中表述出来的思想都值得我们深刻反思，这些对于帮助我们在当下理解和思考什么是“思想政治教育”，怎样做“思想政治工作”，以及如何培养“青年马克思主义者”的问题都是一笔珍贵的宝藏。

二、马克思思考“思想政治教育”问题的主线

自青年时代起，马克思就表现出来极其强烈的爱国心和社会责任感，在走向社会之后，面对社会底层人民的悲惨生活现状，马克思感觉到极度的痛苦，思想上也陷入了极大的矛盾。直到十九世纪三四十年代，在英法工人运动轰轰烈烈开展的背景下，马克思面对德国国内“热闹非凡”的理论界与“麻木冰冷”的社会现实之间的强烈对比，深刻体悟到理论批判不触及任何现实问题是一种严重的错误，进而着手展开对于人类社会、社会历史发展的思考。在这个过程中，马克思已经用唯物史观的方法探查到了人类社会精神生活领域的奥秘，进而提出了“精神生产理论”。正是在这个基础上，马克思发现了隶属于人类精神生活重要部分的“思想政治教育”，并且逐步建立、发展、成熟和完善了自己的思想政治教育理论体系。

马克思的思想政治教育理论是马克思运用唯物史观的方法考察人类的生产和生活，具体分析和说明人类的精神生产和生活及其历史发展的成果，这一成果本身又构成了马克思思想理论的重要组成部分。基于精神生产的视角考察马克思的思想政治教育理论，就是以“人的意识的生产”为核心问题，分析以“分工”为基础、以“物质劳动和精神劳动的分离”为标志，人的意识的生产如何打上了意识形态的烙印、成为政治的一个重要组成部分。马克思最终在“政治经济学”研究的基础上，提出彻底消灭私

有制，并以共产主义革命的方式消除精神异化对人的束缚，从而达成无产阶级思想政治教育所追求的“人的精神解放”的目的。

“思想政治教育”原本是中国化马克思主义用作指代实际思想政治工作的一种表述，构成这一概念的“思想”“政治”“教育”，思想是人之所以为人的一种规定，教育，伴随人类社会生活的始终，由于和“政治”相连接，思想、教育具有新的内容和形式。这样的分析思路，恰是马克思精神生产理论的基本思想。精神生产，本来是人类生产和生活的必要内容，所谓思想政治教育，可看作是一般性的精神生产在人类进入文明时代以来所具有的一种特殊呈现形式。

正是在马克思论证作为“自然历史过程”的思想政治教育现象时，马克思以“人的意识的生产”为中心，考察了在私有制条件下人的精神异化问题，继而借助政治经济学的解剖刀，深入到精神生产的内部结构，发现了决定精神生产活动的物质因素，提出必须发动共产主义革命，以彻底消除私有制，消除雇佣劳动，将“自由的劳动”还给“现实的人”，将人从压抑、异化的状态下解放出来，“无产阶级思想政治教育”在此过程中发挥了重要作用，以在国际共产主义革命时期向无产阶级传播科学社会主义理论为过渡，最终目的是使无产阶级的阶级意识由“自发”转向“自觉”，促使无产阶级通过参与共产主义运动，在实现经济关系根本变革的基础上推动“共产主义革命”的胜利，实现人的“精神解放”，以达成真正的“人的解放”的目标。

思想政治教育作为人的精神生产的一种形式，随着人们现实的物质生产的改造而改造。它所包含的内容和采取的方式，随着人们的社会存在、生活条件、人与人之间结成的社会关系的改变而改变。从历史的纵向来说，“思想政治教育”从以人的依赖性为基础的社会中的“普通教育”萌发，形成了在以物的依赖性为基础的社会中的“阶级的教育”，最终在生产力极大的发展和社会关系彻底变革的条件下，在人的全面自由发展社会中转变为“社会教育”和“自我教育”。

马克思同时兼具革命家和理论家的身份，既有从哲学层面对思想政治教育如何产生以及如何发挥作用的思考，从政治经济学角度对思想政治教育作用机制内在逻辑的严密推理，也有在革命实践中对“思想政治教育”的考察。从马克思对思想政治教育问题的阐述中可以看出，马克思作为国际共产主义运动革命导师，一方面在运动的实际中总结革命斗争的经验，另一方面，为革命斗争制定计划、方针和政策，并为这些具体的计划、方针和政策做出解释，这两者都以某种理论形态呈现出来。因此，从总体的角度来说，对马克思思想政治教育理论的研究，一方面基于梳理马克思在实际的国际共产主义运动中所积累的革命经验，另一方面也是马克思对实践经验在理论高度的总结、提炼和升华，以构建关于思想政治教育成熟、完善、系统的理论体系。

三、对基于“精神生产”视角的马克思思想政治教育理论研究需做出的几点说明

马克思思考思想政治教育问题的两条主线不仅能够解答思想政治教育学界现存的一些疑惑，并且对于我们在当下对思想政治教育“是什么”“为什么”和“怎么办”进行马克思主义溯源的研究都有极为重要的启示作用。但是，这种研究有两个绕不开的难点。

第一，研读马克思的原著并非是一件轻松的工作，这位19世纪德意志民族的思想巨擘，一生中主要是用德、法、英三种语言进行写作，经过转译之后，不同的译本相较于原著来说，不可避免会出现误译和译文晦涩难懂的问题。同时存在的另一个问题是，马克思并不是以直抒胸臆的方式阐发自己的思想。因革命斗争的需要，马克思常常是在与各种党派和思潮的“论战”中，以摘录批判对象的观点言论，再针锋相对地加以批判的方式表达自己的观点，而且由于历史的原因，马克思的手稿、笔记没有被全部保存下来，即使几经辗转留存下来的著作也多为残本，各章节的编排多有

争议。因此，马克思的这种著述方式使其观点读起来不仅复杂而且多歧义，给研究者的研读带来了一定的困难。

第二，马克思在手稿中没有直接使用“思想政治教育”这一概念，因此，这就要求研究者具备较高的理论抽象能力，能够在对“马克思思想政治教育理论”的研究中，对原著中出现的“宣传”“宣传工作”“教育”“政治的教育”“阶级的教育”“鼓动”“宣传鼓动工作”“宗教教育”“理论教育”等概念加以甄别，遵照马克思主义唯物史观的分析方法，从这些与“思想政治教育”相关概念产生的历史条件和具体的物质生产实践中，对促成提出这些概念的多种因素加以考察，总结出马克思在思想发展不同阶段对于“思想政治教育”问题认识的变化，进而在一般意义上提炼马克思对“思想政治教育”问题的致思理路。尽管如此，依照按图索骥的方式，我们也不难发现，马克思对“思想政治教育”的思考路向在散乱中暗含逻辑，在多变的论证方式中说理清晰。

此外，笔者认为有必要对与本书研究相关的几个问题做出说明。

第一，对有学者质疑马克思是否有关于“思想政治教育”思想的疑问，笔者认为，马克思的著作可谓卷帙浩繁，已出版的著作只能算作马克思庞大思想宫殿的一隅，马克思在思想的过程中撰写的大量笔记、提纲、札记、书信等等，都没有得以刊出。因此，一方面，目前学界所看到的只是马克思成形的已出版著作中的观点；另一方面，鉴于马克思写作时的特殊境遇，也许马克思也不可能做到将自己全部的思考一一表述出来。因此，在反复的阅读、体悟中，笔者在马克思思想体系中，通过解读文本以将马克思分散的观点和思想用“重构”的方式，再现研究对象之间的逻辑关系和结构系统，梳理出马克思关于思想政治教育的思考和基本观点。虽勉力呈现马克思思考的原始语境和思想理路，但最终成文中也不免带有笔者个人主观的理解，所谓“叙述即解释”，特别是在全文架构和具体阐述时掺杂了笔者思考这一问题的路向和看法。

第二，是否需要在学界传统的宏观研究方法中寻求对“思想政治教育”问题进行阐释的新方法。笔者认为，如果仅仅从“经济基础决定上层建筑”“社会存在决定社会意识”的宏观层面阐述马克思的思想政治教育理论，可以说，这种解释方法实际上并没有把握住马克思的思想政治教育理论区别于其他思想政治教育理论形态的特征，以及马克思作为创始者所创立的无产阶级思想政治教育实现的根本性变革。与此相反，这种宏观的解释极容易造成对“思想政治教育”教条化、简单化和僵化的理解。笔者在撰写本书时放弃了当下“思想政治教育学”作为教材的撰写体例，并未将思想政治教育地位、功能、目的、任务、规律、载体的写作思路套用在研究马克思的思想政治教育理论上。相反，笔者坚持遵循唯物史观的方法，从精神生产的视角入手，探讨“思想政治教育”作为精神生活范畴的一部分，必然遵循着人类精神生活的规律及基本原理，一方面，杜绝了无限夸大“思想政治教育”作用的倾向，另一方面，客观地揭示出思想政治教育的作用机制。

第三，研究马克思思想政治教育理论的目的不是要将思想政治教育的原理及方法拘泥于某一时期。相反，研究的目的正是为了打破对马克思思想政治教育思想教条和僵化的理解。马克思恩格斯在指导工人运动的过程中，一方面强调必须重视科学理论的指导，另一方面一再重申他所说的科学理论并不是一成不变的教条，“我们的理论不是教条，而是对包含着一连串互相衔接的阶级的发展过程的阐明”①，并且清楚地说明自己是不断发展论者，而“不打算把什么最终规律强加给人类”②。恩格斯在晚年也着力批判“有些自命为正统的马克思主义者的人，把我们运动的思想变成必须背熟的僵死教条。”③马克思主义是一个开放的体系，马克思本人对于外界对自己理论的批判也始终保持一种开放的态度，这一点在马克思被问及对

---

① 《马克思恩格斯选集》（第4卷），北京：人民出版社1995年版，第680页。

② 《马克思恩格斯全集》（第22卷），北京：人民出版社1965年版，第628—629页。

③ 《马克思恩格斯全集》（第38卷），北京：人民出版社1972年版，第106页。

将来社会改造的具体措施和发展步骤的回答上也体现得淋漓尽致，“在将来某个特定的时刻应该做些什么，应该马上做些什么，这当然完全取决于人们将不得不在其中活动的那个既定的历史环境”①。与此相对应，无产阶级思想政治教育也应该是与时俱进的，思想政治教育应根据工作的具体历史条件和社会主要矛盾的变化来调整工作的策略、内容和方法。

马克思和恩格斯在实践中也是这样做的。在国际共产主义革命时期，马克思根据欧洲各国的具体情况最初将工人阶级和农民阶级列为思想政治教育的主要对象，但后来在实际的工作中很快发现，小资产阶级和资产阶级中对无产阶级具有同情心的一部分人也可以成为无产阶级思想政治教育工作的对象，将他们争取到共产主义运动的队伍中来对整个运动的发展是有利的，于是，马克思很快调整思想政治工作的策略，将争取小资产阶级、资产阶级中的一部分，还包括其他阶级阶层中一些可以教育对象的工作列为思想政治工作的一项内容。马克思恩格斯多次在不同的情形和场合中为防止他们的学说被僵化地理解和运用，特别强调，他们在具体条件下所得出的个别结论会随着历史的发展而过时，因此对这些结论的运用“随时随地都要以当时的历史条件为转移。”② 这一点不仅适用于调整思想政治教育的内容，更是对思想政治教育调整方法与手段的指导。恩格斯在晚年根据资本主义政治经济发展出现的新变化，强调无产阶级思想政治教育也要充分利用合法斗争的方式，如通过“普选权”来维护无产阶级的利益，进一步提出“共和国是无产阶级将来进行统治的现成的政治形式”③ 的新方向。

第四，本书研究的对象选定为“马克思”的思想政治教育理论，并非丝毫不涉及恩格斯对于思想政治教育问题的一些思考和观点。实事求是地

① 《马克思恩格斯选集》（第 4 卷），北京：人民出版社 1995 年版，第 643 页。

② 《马克思恩格斯选集》（第 1 卷），北京：人民出版社 1995 年版，第 248 页。

③ 《马克思恩格斯选集》（第 4 卷），北京：人民出版社 1995 年版，第 734 页。

说，马克思和恩格斯自青年相识，因共同的学术旨趣和革命热情成为了一生的朋友，他们经常以聊天、讨论、辩论的方式探讨革命迫切需要解决的难题，并且马克思逝世后遗留下的多部未完成手稿都是由恩格斯负责整理和编辑，可以说，恩格斯是最熟悉和了解马克思的人。

恩格斯继承了马克思思想的精髓，例如在《反杜林论》《自然辩证法》等著作中继承了马克思对于“精神生产”在未来共产主义社会中起关键性作用的思想，并且在自己的著作中多次对马克思的思想进行了总结、补充和完善。但是，学界目前的研究对于马克思和恩格斯思想的异同点也产生了一些争议，德国著名学者史傅德（Fred E. Schrader）在研读过所有马克思手稿原件之后曾说：“（马克思和恩格斯）是特别好的朋友，但是思想上并不是完全一致的。1840 年代他们是亲密战友，共同写了《共产党宣言》和《德意志意识形态》。从手稿看，你写一段、我写一段，还互相评论。但是 1850 年以后明显分开了。”史傅德还认为，“和马克思不同，恩格斯是比较现实的，他要解决十九世纪的社会民主党、银行国有化等问题。马克思在手稿里写道，这些行不通。马克思有大量笔记手稿，许多话题并没有和恩格斯讨论，也没有发表。通信讨论的还是两个人比较一致的观点。实际上，马克思在和恩格斯讨论当中，不断在试探到底恩格斯能接受到哪一步。解决资本主义社会问题，恩格斯和马克思的讨论限于政治层面，而马克思在笔记里想得更深，从经济结构、生产结构、生产方式等多方面去思考。”

学界中也有多位学者研究并出版专著说明马克思和恩格斯在学术思想上的关系，例如美国学者特雷尔·卡弗（Terrell Carver）所著《马克思与恩格斯：学术思想关系》，吴家华等著《马克思恩格斯思想比较研究》。因此，本书以马克思对思想政治教育问题的思考为主线，只选取恩格斯思想中与马克思所持相同观点，或对马克思观点加以阐释的部分作为必要的补充，不过多涉及二者学术思想关系的异同问题，以避免文章陷入马克思恩格斯思想差异之争的漩涡中。

总的来说，自二十世纪八十年代思想政治教育学科设立以来，学界就对“马克思本人是否有完整系统的思想政治教育理论”存在争论。三十多年学界研究已经从表象深入到本质，从实践进入理论，理论研究的深入愈来愈倾向于回归到马克思主义本身来研究思想政治教育的相关问题，也愈加肯定马克思本人必然有关于思想政治教育的一定理论体系。紧随其后，“马克思的思想政治教育理论是什么”又引起学界新一轮的争论并成为近年来学界研究的热点。对这个问题给予及时回应的意义不言而喻，也不容置疑，它直接关系到本学科的根基是否稳固，关涉“思想政治工作是一门科学”的命题是否成立，甚至影响到学科发展向何处去的重大问题。

本书尝试对此问题做初步的回应和解答，在撰文的过程中，笔者深深感叹“历史没有旁观者”，虽然马克思坚决反对“英雄唯物史观”，但不可否认的是，他本人铸就的思想武器却是划破十九世纪沉闷幕布的一把利剑，从此掀开了国际共产主义运动史上最为辉煌壮丽的一页，这一页曾写满了为打破旧世界、建立新世界，为全人类争取真正解放所做的最为壮烈、最为无私、最为坚决的努力。想到这一点，对于我们理论工作者也是一种巨大的鼓舞，手中的笔和头脑中的思想就是我们用以参与塑造自己时代的独特方式。

在马克思思想的博大精深和人格魅力的鼓舞下，笔者同时也深切感慨马克思思想的珍贵宝藏还有待我们投入更多的时间和精力去挖掘。正如英国学者彼得·沃斯利（Peter Worsley）所说：“马克思作为一个思想家对二十世纪历史进程的影响是无与伦比的。”① 事实上，虽然马克思在分析社会现象时所使用的材料是十九世纪的，但是，他卓越的洞察力远远超越了十九世纪的时空束缚，甚至在二十一世纪的当下，只要马克思所分析的问题的前提还没有被消灭，那么马克思的学说就是有意义的。虽然笔者已在思想政治教育专业领域度过了十多年的时光，但当面对马克思宏伟精巧的思

① P.Worsley, *Marx and Marxism*, Tavistock, London, 1982, p.9.

想殿堂时，还是对自己的学思浅薄深感羞愧。鉴于笔者研究能力的局限，本书必然存在诸多不足，只盼能起到抛砖引玉的作用，以引发学界同仁对此问题展开更加深入的研究，也就达到了笔者撰文的初衷。

此书脱胎于博士期间的研究，最终得以成稿出版，需要感谢我的恩师南开大学武东生教授、寇清杰教授给予的细心指导，需要感谢我的母校和我曾经工作过的天津师范大学马克思主义学院的支持，还要感谢东莞理工学院的资助。尤其感谢中国社会科学院的梅岚编辑、中央编译出版社的李媛媛编辑的帮助，感谢我的父母和爱人的无声陪伴与支持，是你们的鼓励与关心，才使得这些思考与探索以文字的方式呈现，开启了我的学术研究之路。

参考文献

一、文献资料

［1］《马克思恩格斯选集》（第1—4卷），北京：人民出版社1995、2012年版。

［2］《马克思恩格斯文集》（第1、2、5、8卷），北京：人民出版社2009年版。

二、学术著作

［1］杨适：《马克思〈经济学哲学手稿〉述评》，北京：人民出版社1982年版。

［2］复旦大学哲学系现代西方哲学研究室编译：《西方学者论〈1844经济学哲学手稿〉》，上海：复旦大学出版社1983年版。

［3］张蔚萍、张俊南：《思想政治工作概论》，西安：陕西人民出版社1985年版。

［4］陆庆壬：《思想政治教育学原理》，上海：复旦大学出版社1986年版。

［5］田其治：《马克思〈1844年经济学哲学手稿〉试释》，太原：山西人民出版社1987年版。

[6] 邱伟光：《思想政治教育学概论》，天津：天津人民出版社 1988 年版。

[7] 李文成：《论精神生产——对人类精神生产奥秘的反思》，郑州：河南人民出版社 1988 年版。

[8] 黎澍、蒋大椿主编：《马克思恩格斯论历史科学》，北京：人民出版社 1988 年版。

[9] 王瑞荪：《思想政治教育学》，北京：北京师范大学出版社 1989 年版。

[10] 王礼湛：《思想政治教育学》，杭州：浙江大学出版社 1989 年版。

[11] 张蔚萍：《新编思想政治工作概论》，北京：中共中央党校出版社 1989 年版。

[12] 张健主编：《马克思主义教育思想研究》，北京：教育科学出版社 1989 年版。

[13] 邹学荣：《思想政治教育学》，重庆：西南师范大学出版社 1992 年版。

[14] 陈仲华、杨镜江编：《精神生产概论》，北京：北京师范大学出版社 1992 年版。

[15] 罗洪铁：《思想政治教育学专题研究》，重庆：西南师范大学出版社 1997 年版。

[16] 王平：《思想政治教育概论》，吉林：东北师范大学出版社 1998 年版。

[17] 李文成：《精神的让度——试论精神商品及其生产》，开封：河南大学出版社 1999 年版。

[18] 张耀灿、陈万柏：《思想政治教育学原理》，北京：高等教育出版社 2001 年版。

[19] 张华荣编：《精神劳动与精神生产论》，北京：经济科学出版社

2002 年版。

［20］景中强：《马克思精神生产理论研究》，北京：中国社会科学出版社 2004 年版。

［21］郭正红：《现代精神生产论纲》，北京：中央文献出版社 2004 年版。

［22］聂锦芳：《清理与超越：重读马克思文本的意旨、基础与方法》，北京：北京大学出版社 2005 年版。

［23］吴家华：《理解恩格斯——恩格斯晚年历史观研究》，合肥：安徽大学出版社 2005 年版。

［24］陈秉公：《思想政治教育学原理》，北京：高等教育出版社 2006 年版。

［25］张耀灿、郑永廷、吴潜涛、骆郁廷：《现代思想政治教育学》，北京：人民出版社 2006 年版。

［26］周茜蓉、程金生：《走向历史的深处——思想政治教育基本问题研究》，南昌：江西人民出版社 2006 年版。

［27］陈万柏、张耀灿：《思想政治教育学原理（第 2 版）》，北京：高等教育出版社 2007 年版。

［28］李文成：《追求精神的家园——人类精神生产活动研究》，北京：北京师范大学出版社 2007 年版。

［29］王荣栓：《重读马克思》，北京：人民出版社 2007 年版。

［30］温恕：《精神生产与社会生产——二十世纪国外马克思主义艺术生产理论研究》，成都：巴蜀书社 2008 年版。

［31］平章起、梁禹祥：《思想政治教育基本理论问题研究》，天津：南开大学出版社 2010 年版。

［32］张世欣：《中国古代思想道德教育史》，杭州：浙江大学出版社 2010 年版。

［33］李征：《马克思恩格斯思想政治教育理论与实践研究》，北京：

北京大学出版社2011年版。

［34］宋成剑：《精神生产视野中的思想政治教育》，北京：光明日报出版社2011年版。

［35］闫艳：《交往视域中的思想政治教育》，北京：人民出版社2011年版。

［36］褚凤英：《思想政治教育活动研究》，北京：人民出版社2011年版。

［37］陈奇佳：《马克思精神生产理论的当代诠释》，北京：人民出版社2011年版。

［38］刘云章：《马克思主义精神生产研究》，北京：学苑出版社2011年版。

［39］侯慧勤：《马克思主义意识形态论》，南京：南京大学出版社2011年版。

［40］刘同舫：《马克思人类解放理论的演进逻辑》，北京：人民出版社2011年版。

［41］孙云龙：《生活的发现与历史唯物主义的形成——〈德志意意识形态〉研究》，上海：复旦大学出版社2011年版。

［42］周树智主编：《马克思主义探原——马克思〈1844年经济学哲学手稿〉研究文集》，西安：陕西人民出版社2011年版。

［43］孙伯鍨、张一兵：《走进马克思》，南京：江苏人民出版社2012年版。

［44］郝明工：《经济全球化时代的精神生产》，北京：中国社会科学出版社2012年版。

［45］余一凡：《从马克思到列宁："社会主义意识形态"的确立》，北京：人民出版社2012年版。

［46］聂锦芳：《批判与建构——〈德意志意识形态〉文本学研究》，北京：人民出版社2012年版。

［47］周树智主编：《人道主义和社会主义——马克思恩格斯〈神圣家族〉研究文集》，西安：陕西人民出版社 2012 年版。

［48］周树智主编：《马克思的新世界观——马克思〈关于费尔巴哈的提纲〉研究文集》，西安：陕西人民出版社 2012 年版。

［49］武东生等编：《中国古代思想政治教育史》，天津：南开大学出版社 2013 年版。

［50］杨学功：《马克思〈黑格尔法哲学批判〉研究读本》，北京：中央编译出版社 2013 年版。

［51］聂锦芳：《〈资本论〉及其手稿再研究：文献、思想与当代性》，北京：经济科学出版社 2013 年版。

［52］龚超：《马克思社会教育思想研究》，北京：人民出版社 2013 年版。

［53］周树智主编：《唯物主义历史观——马克思恩格斯〈德意志意识形态〉研究文集》，西安：陕西人民出版社 2013 年版。

［54］姜海波：《马克思〈哲学的贫困〉研究读本》，北京：中央编译出版社 2013 年版。

［55］代俊兰：《马克思人类解放理论的历史轨迹及其当代价值》，北京：中国社会科学出版社 2013 年版。

［56］聂锦芳、彭宏伟：《马克思〈资本论〉研究读本》，北京：中央编译出版社 2014 年版。

［57］余斌：《〈资本论〉正义：怎样理解资本主义》，南宁：广西人民出版社 2014 年版。

［58］白显良：《思想政治教育的马克思主义理论基础研究》，北京：人民出版社 2014 年版。

［59］倪愫襄：《思想政治教育元问题研究》，北京：中国社会科学出版社 2014 年版。

［60］姜海波：《青年马克思的生产力概念》，北京：人民出版社 2014

年版。

[61] 刘建军：《马克思主义基本原理与当代中国思想政治教育专题研究》，北京：中国人民大学出版社 2015 年版。

[62] 侯慧勤等编：《国外马克思主义意识形态研究著作评析》，北京：中国社会科学出版社 2015 年版。

[63] 黄建都：《“苦恼的疑问”及其解决：〈莱茵报〉—〈德法年鉴〉时期马克思文献及思想再研究》，北京：中国人民大学出版社 2015 年版。

[64] 李彬彬：《思想的传承与决裂：以“犹太人问题”为中心的考察》，北京：中国人民大学出版社 2015 年版。

[65] 杨洪源：《政治经济学的形而上学：〈哲学的贫困〉与〈贫困的哲学〉比较研究》，北京：中国人民大学出版社 2015 年版。

[66] 吴家华、任暟、侯衍社：《马克思恩格斯思想比较研究》，北京：中国人民大学出版社 2015 年版。

三、国外译著

[1]〔英〕戴维·麦克莱伦：《青年黑格尔派与马克思》，夏威仪译，北京：商务印书馆 1982 年版。

[2]〔德〕路德维希·费尔巴哈：《费尔巴哈哲学著作选集（上）》，荣震华、李金山等译，北京：商务印书馆 1984 年版。

[3]〔德〕路德维希·费尔巴哈：《费尔巴哈哲学著作选集（下）》，荣震华、李金山等译，北京：商务印书馆 1984 年版。

[4]〔苏〕B.N.托尔斯特赫等：《精神生产——精神活动问题的社会哲学观》，安起民译，北京：北京师范大学出版社 1988 年版。

[5]〔日〕城塚登：《青年马克思的思想——社会主义思想的创立》，尚晶晶、李成鼎等译校，北京：求实出版社 1988 年版。

[6]〔美〕悉尼·胡克：《对卡尔·马克思的理解》，徐崇温译，重庆：重庆出版社 1989 年版。

［7］〔美〕威廉姆·肖：《马克思的历史理论》，阮仁慧、钟石韦、冯瑞荃译，重庆：重庆出版社 1989 年版。

［8］〔德〕科尔施：《马克思主义和哲学》，王南湜、荣新海译，重庆：重庆出版社 1989 年版。

［9］〔英〕戴维·麦克莱伦：《马克思主义以前的马克思》，李兴国等译，北京：社会科学文献出版社 1992 年版。

［10］〔德〕施密特：《历史和结构——论黑格尔马克思主义和结构主义的历史学说》，张伟译，重庆：重庆出版社 1993 年版。

［11］〔美〕罗默：《社会主义的未来》，余文烈等译，重庆：重庆出版社 1997 年版。

［12］〔英〕大卫·麦克里兰：《意识形态》，孔兆正、蒋龙翔译，长春：吉林人民出版社 2005 年版。

［13］〔法〕雷蒙·阿隆：《想象的马克思主义：从一个神圣家族到另一个神圣家族》，姜志辉译，上海：上海译文出版社 2007 年版。

［14］〔美〕乔恩·埃尔斯特：《理解马克思》，何怀远译，北京：中国人民大学出版社 2008 年版。

［15］〔德〕沃尔夫冈·豪格：《十三个尝试——对马克思主义思想的再阐释》，朱毅译，北京：东方出版社 2008 年版。

［16］〔英〕戴维·麦克莱伦：《马克思传（第 4 版）》，王珍译，北京：中国人民大学出版社 2008 年版。

［17］〔英〕戴维·麦克莱伦：《马克思思想导论》，郑一民、陈喜贵译，北京：中国人民大学出版社 2008 年版。

［18］〔美〕特雷尔·卡弗：《马克思与恩格斯：学术思想关系》，姜海波译，北京：中国人民大学出版社 2008 年版。

［19］〔美〕托马斯：《马克思主义与科学社会主义：从恩格斯到阿尔都塞》，王远河、王克军译，南京：江苏人民出版社 2010 年版。

［20］〔美〕麦卡锡：《马克思与古人——古典伦理学、社会正义和 19

世纪政治经济学》，王文扬译，上海：华东师范大学出版社 2011 年版。

［21］〔法〕亨利·列斐伏尔：《马克思的社会学》，谢永康、毛林林译，北京：北京师范大学出版社 2013 年版。

［22］〔英〕乔治·拉雷恩：《马克思主义与意识形态：马克思主义意识形态论研究》，张秀琴译，北京：北京师范大学出版社 2013 年版。

［23］〔英〕埃里克·霍布斯鲍姆：《如何改变世界：马克思和马克思主义的传奇》，吕增奎译，北京：中央编译出版社 2014 年版。

［24］〔法〕傅勒：《马克思与法国大革命》，朱学平译，上海：华东师范大学出版社 2015 年版。

［25］〔以〕阿维纳瑞：《马克思的社会和政治思想》，张东辉译，北京：知识产权出版社 2016 年版。

［26］〔美〕罗伯特·海尔布隆纳：《马克思主义：赞成与反对》，马林梅译，北京：东方出版社 2016 年版。

［27］〔瑞典〕福克斯、〔加〕莫斯可：《马克思归来》，传播驿站工作坊译，上海：华东师范大学出版社 2016 年版。

四、期刊论文

［1］李文成：《马克思主义的“精神生产”概念的含义》，载《复旦学报（社会科学版）》，1986 年第 1 期。

［2］陈仲华：《关于精神生产力和精神生产关系的思考》，载《国内哲学动态》，1986 年第 4 期。

［3］徐祥民：《关于经济上相对落后的国家能够在哲学上演奏“第一提琴”的再思考》，载《北京师院学报（社会科学版）》，1987 年第 3 期。

［4］陆云彬：《精神生产力和精神生产关系研究综述》，载《探索与争鸣》，1987 年第 6 期。

［5］曹林、李楠明：《恩格斯唯物史观方法论原则刍议》，载《学术交流》，1989 年第 6 期。

［6］蒋斌、郑毅：《马克思关于精神生产是社会生产一部分的基本思想》，载《学术研究》，1998 年第 11 期。

［7］马仲良、韩长霞：《马克思论精神生产力与物质生产力》，载《哲学研究》，1998 年第 8 期。

［8］景中强：《马克思主义哲学视野中的精神生产范畴》，载《理论与改革》，2002 年第 6 期。

［9］靳辉明：《唯物史观的创立及其伟大意义——为纪念马克思逝世 120 周年而作》，载《马克思主义研究》，2003 年第 2 期。

［10］景中强：《论马克思精神生产理论的经济学来源——对资产阶级古典经济学家精神生产理论的历史分析》，载《理论与改革》，2003 年第 2 期。

［11］景中强：《马克思的精神生产理论及其当代价值》，载《中国青年政治学院学报》，2003 年第 4 期。

［12］郭正红：《精神生产是社会实践的基本形式之一》，载《广西大学学报（哲学社会科学版）》，2003 年第 5 期。

［13］赵志红：《论马克思“精神生产”理论及其意义——回到社会发展和人的发展中》，载《四川师范大学学报（社会科学版）》，2004 年第 1 期。

［14］周世兴：《马克思主义精神生产理论的若干关系问题》，载《北京大学学报（哲学社会科学版）》，2004 年第 1 期。

［15］褚凤英、李光烨：《论思想政治教育研究模式的转变——以“现实的人”作为思想政治教育研究的出发点》，载《思想教育研究》，2006 年第 9 期。

［16］聂锦芳：《一段思想姻缘的解构——〈神圣家族〉的文本学解读》，载《学术研究》，2007 年第 2 期。

［17］覃志红：《论马克思总体生产视域中的精神生产》，载《河北学刊》，2007 年第 6 期。

［18］尹建军：《马克思精神生产理论刍议》，载《青海师范大学学报（哲学社会科学版）》，2007 年第 6 期。

［19］姜海波：《〈德意志意识形态〉中的生产力与唯物史观的构成》，载《学术月刊》，2007 年第 7 期。

［20］武东生、余一凡：《经典作家关于“思想政治教育”的思想述要》，载《高校理论战线》，2008 年第 2 期。

［21］刘同舫：《人类解放的进程与社会形态的嬗变》，载《中国社会科学》，2008 年第 3 期。

［22］邓彦：《试论马克思的精神生产理论及其时代意义》，载《江西社会科学》，2008 年第 4 期。

［23］刘建军：《〈共产党宣言〉中的思想政治教育论断》，载《思想政治教育研究》，2008 年第 10 期。

［24］黄力之：《马克思精神生产理论中的文化价值问题》，载《上海师范大学学报（哲学社会科学版）》，2009 年第 3 期。

［25］武东生：《马克思意识形态观的思想理路》，载《天津社会科学》，2009 年第 6 期。

［26］胡海波、郭凤志：《马克思恩格斯社会整体性视域下的精神生产理论》，载《东北师大学报（哲学社会科学版）》，2009 年第 6 期。

［27］余一凡、武东生：《恩格斯“意识形态”经典表述的重新解读》，载《高校理论战线》，2010 年第 1 期。

［28］胡海波、郭凤志：《马克思、恩格斯文化理论：一个被遮蔽的唯物史观的重要视域》，载《学术月刊》，2010 年第 1 期。

［29］龚超：《马克思社会教育思想的理论内核》，载《理论月刊》，2010 年第 1 期。

［30］余斌：《试论思想政治教育的目的、本质、原则和方法》，载《中国高等教育》，2011 年第 4 期。

［31］王增国：《思想政治教育的价值理论及实践意蕴——从思想政治

教育的元问题引发开来》，载《教育理论与实践》，2011 年第 11 期。

［32］王延华：《论马克思“精神生产”理论的意识形态嬗变》，载《湖北社会科学》，2012 年第 2 期。

［33］刘同舫：《自由全面发展：人类解放的最高境界与必然归宿》，载《江汉论坛》，2012 年第 7 期。

［34］刘同舫：《马克思人类解放理论的叙事结构及实现方式》，载《中国社会科学》，2012 年第 8 期。

［35］周力辉、方世南：《马克思恩格斯精神生产概念的提出及其科学内涵》，载《南华大学学报（社会科学版）》，2012 年第 8 期。

［36］骆郁廷：《思想政治教育的本质在于思想掌握群众》，载《马克思主义研究》，2012 年第 9 期。

［37］倪愫襄：《思想政治教育元问题辨析》，载《学校党建与思想教育》，2012 年第 9 期。

［38］周力辉、方世南：《试论马克思对精神生产和人的全面发展的历史分析》，载《中共四川省委党校学报》，2012 年第 10 期。

［39］白显良：《论思想政治教育的马克思主义立场》，载《思想政治教育研究》，2012 年第 11 期。

［40］余一凡、武东生：《从“意识形态”到“社会主义意识形态”——对所谓“意识形态”中性化问题的重新认识》，载《教学与研究》，2012 年第 12 期。

［41］毛一龙：《马克思精神生产理论研究综述》，载《经济研究导刊》，2013 年第 4 期。

［42］陶火生：《无产阶级意识的“立”“破”三阶段——从马克思到卢卡奇再到拉克劳和墨菲》，载《科学社会主义》，2013 年第 6 期。

［43］任晓伟：《从“国家消亡”论到“社会主义国家”观念——20 世纪前半期马克思主义国家理论的变迁》，载《长安大学学报（社会科学版）》，2013 年第 9 期。

[44] 赵家祥：《必然王国与自由王国的含义及其关系》，载《北京大学学报（哲学社会科学版）》，2013 年第 11 期。

[45] 刘同舫、陈晓斌：《哲学的命运与无产阶级的救赎——马克思〈《黑格尔法哲学批判》导言〉释义》，载《广东社会科学》，2013 年第 11 期。

[46] 李仁卿：《论马克思社会教育思想的人学基础》，载《黑河学刊》，2014 年第 1 期。

[47] 余斌：《马克思主义经典作家关于“灌输”的论述及其启示》，载《思想政治教育研究》，2014 年第 2 期。

[48] 武东生：《论马克思关于“思想政治教育”的主要思想》，载《理论学刊》，2014 年第 3 期。

[49] 武东生、冯乐：《对“政治教育”到“思想政治教育”概念演变的解析》，载《思想理论教育导刊》，2014 年第 8 期。

[50] 鉴传今：《走向“沉沦”的哲学精神——关于马克思主义哲学研究的“合法性危机”的思考》，载《吉林大学社会科学学报》，2014 年第 11 期。

[51] 杨威：《论思想政治教育的政治根源》，载《学校党建与思想教育》，2015 年第 1 期。

[52] 牟成文：《马克思精神解放理论简论》，载《哲学研究》，2015 年第 1 期。

[53] 金林南：《经验科学、意义理解与实践批判——思想政治教育学科知识的三重维度》，载《江西师范大学学报（哲学社会科学版）》，2015 年第 3 期。

[54] 杨威：《人为什么需要接受思想政治教育？——兼论思想政治教育的个体根源》，载《思想教育研究》，2015 年第 4 期。

[55] 杨威、储著斌：《物质生产实践：思想政治教育产生的深层根源》，载《江汉大学学报（社会科学版）》，2015 年第 6 期。

［56］杨威、符莹：《论思想政治教育的社会根源——基于社会结构的考察》，载《思想政治教育研究》，2015 年第 6 期。

［57］赵洁：《马克思“精神生产”概念的现代认识论溯源——从培根、笛卡尔谈起》，载《内蒙古大学学报（哲学社会科学版）》，2016 年第 5 期。

［58］马明冲：《马克思恩格斯“无产阶级”和“工人阶级”概念的考辨——基于前〈资本论〉时期的文本研究》，载《学术论坛》，2016 年第 8 期。

［59］赵洁：《认识论视域下“精神生产”概念的三维审视》，载《未来与发展》，2016 年第 8 期。

［60］赵洁：《精神生产视阈下党的自我教育的历史进路及启示》，载《广西社会科学》，2016 年第 10 期。

［61］马军、高晓雁：《生产关系转变：马克思“商品逻辑”下人发展的限定与超越》，载《理论月刊》，2016 年第 12 期。

五、博士论文

［1］周宏：《理解与批判——马克思意识形态理论的文本学研究》，南京大学，2002 年。

［2］赵剑英：《论人类实践形态的当代发展》，中国社会科学院研究生院，2002 年。

［3］蔡成效：《人与世界关系的实践基础之沉思》，武汉大学，2004 年。

［4］赵勇：《社会主义意识形态功能研究》，华东师范大学，2007 年。

［5］韩玲：《马克思的理论教育思想研究》，武汉大学，2007 年。

［6］郭强：《论马克思“社会—国家”理论及其当代价值》，南开大学，2010 年。

［7］胡海波：《马克思恩格斯文化观研究》，东北师范大学，2010 年。

［8］方文：《马克思主义宗教观视阈中的思想政治教育机制研究》，苏州大学，2010 年。

［9］孙帮寨：《意识形态视域中的思想政治教育及其变革》，中国矿业大学，2010 年。

［10］周青鹏：《马克思历史动力理论研究》，华中师范大学，2011 年。

［11］姜海波：《论马克思对施蒂纳历史观的批判》，复旦大学，2011 年。

［12］王继全：《马克思主义利益观视阈中的思想政治教育》，苏州大学，2012 年。

［13］杜奉瑛：《当代中国思想政治教育社会管理功能研究》，东北师范大学，2012 年。

［14］申文杰：《马克思主义意识形态政治功能及实现形式研究》，河北师范大学，2012 年。

［15］于萍：《马克思的需要理论——基于〈资本论〉视域的一种分析》，吉林大学，2012 年。

［16］周力辉：《马克思恩格斯精神生产理论研究》，苏州大学，2012 年。

［17］邵晓军：《马克思主义“人学”视域下思想政治教育社会化问题研究》，西安科技大学，2013 年。

［18］吴广庆：《思想政治教育的文化融入研究》，中共中央党校，2013 年。

［19］戚如强：《思想政治教育社会整合研究》，南京师范大学，2013 年。

［20］李善勇：《政治思想灌输论及其实现规律和时代意义研究》，上海大学，2013 年。

［21］陈炳：《现代性与思想政治教育发展研究》，苏州大学，2014 年。

［22］胡新峰：《大学生思想政治教育机制研究》，东北师范大学，2014 年。

［23］程松涛：《马克思的理论教育思想及其价值研究》，天津师范大学，2014 年。

［24］张立鹏：《马克思人的全面发展理论及其在当代中国实现条件研究》，苏州大学，2014 年。